Alain de Benoist

Kritik der Menschenrechte

JF Edition

Alain de Benoist

# KRITIK DER MENSCHENRECHTE

## Warum Universalismus und Globalisierung die Freiheit bedrohen

JF Edition

Lektorat: Thorsten Thaler
Buchgestaltung: Vera Wischnewsky, Satz: Daniela Lemke
Gesetzt aus der Warnock Pro und Real Head Pro
Druck und Bindung: CPI books

Aus dem Französischen übersetzt von Silke Lührmann

Bibliographische Information der Deutschen Nationalbibliothek

Die Deutsche Nationalbibliothek verzeichnet diese Publikation
in der Deutschen Nationalbibliographie; detaillierte bibliographische Daten sind
im Internet über http://dnb.dnb.de abrufbar.

ISBN: 978-3-929886-83-2

Hohenzollerndamm 27 a, 10713 Berlin
verlag@jungefreiheit.de
Zweite Auflage 2025

# Inhalt

# Vorwort zur Neuausgabe

Seit der Erstveröffentlichung dieses Buches sind mittlerweile zwanzig Jahre vergangen – die deutsche Übersetzung erschien 2004, die französische Originalfassung noch im selben Jahr. Es folgten weitere Übersetzungen ins Italienische, Spanische, Niederländische, Englische, Portugiesische und Tschechische.

Eine Neuauflage erscheint allein schon deswegen gerechtfertigt, weil die Menschenrechtsideologie heute so dominant ist wie nie zuvor. In einem Zeitalter, in dem traditionelle Religionen zunehmend an Bedeutung verlieren, hat sich die Ideologie der Menschenrechte als eine Art weltweiter Zivilreligion etabliert: eine Religion mit Hohepriestern und Klerus, Theologen und Missionaren, Heiligen und Märtyrern. Der französische Europaabgeordnete und ehemalige Bildungsminister Vincent Peillon spricht in diesem Zusammenhang explizit von einer »universellen Religion« des »Laizismus, einer Religion der Freiheit, einer Religion der Menschenrechte«.

Frankreich ist insofern ein Sonderfall, als die Erklärung der Menschen- und Bürgerrechte vom 26. August 1789 bereits sehr früh als quasireligiöses Objekt ins Nationalbewußtsein einging. »Zum Mythos der Menschenrechte gehört auch die Vorstellung, daß die Menschenrechtserklärung von 1789 nicht von Menschenhand verfaßt wurde, sondern direkt dem Gehirn Gottes entsprungen ist«, wie Christine

Fauré betont. Man habe ihr »fast von Anfang an den Status eines neuen Evangeliums« zugeschrieben, so Valentine Zuber: In Frankreich habe die Menschenrechtserklärung den Charakter einer »republikanischen Zivilreligion, wie sie von amerikanischen Soziologen definiert wird: eine Kombination aus religiösen Überzeugungen, Symbolen und Riten, die sich auf die von einer Gesellschaft heilig gehaltenen und als solche der Debatte entzogenen Objekte bezieht [...] Als untrennbarer Bestandteil der französischen republikanischen Tradition [...] prägt diese Zivilreligion auch die politische Praxis entscheidend mit.«

In den westlichen Gesellschaften werden die Menschenrechte zur Rechtfertigung der zunehmenden Verrechtlichung der sozialen Beziehungen sowie zur Untermauerung von Forderungen aller Art herangezogen. Das betrifft den öffentlichen Diskurs über Einwanderung und die Aufnahme von Flüchtlingen ebenso wie die Verschiebung der politischen Prioritäten in Richtung Empathie und Antidiskriminierung. Die sukzessive Auflösung der politischen Unterschiede zwischen Rechts und Links wird ebenfalls durch die Menschenrechtsideologie begünstigt, auf die sich mittlerweile Regierungsparteien jeglicher Couleur berufen. Dabei ist es nur folgerichtig, daß das Bekenntnis der Linken zur Menschenrechtsideologie Hand in Hand geht mit dem Bekenntnis zur Marktwirtschaft, die schließlich auf den gleichen anthropologischen Prämissen beruht.

Daß die Rhetorik der Menschenrechte wieder auf dem Vormarsch ist, liegt nicht zuletzt an dem massiven Individualisierungsschub, der in den westlichen Gesellschaften bereits in den 1970er Jahren im Rahmen der postmodernen Erosion gemeinsamer Werte und kollektiver Bezugspunkte einsetzte. Dadurch ist ein Vakuum entstanden, in dem sich die Menschenrechtsideologie als Fundament eines neuen gesellschaftlichen Konsenses durchsetzen konnte. Der Individualismus wiederum hat zu einer massiven Ausdifferenzierung subjektiver Identitäten und damit zu entsprechenden Forderungen nach der öffentlichen Anerkennung und gesetzlichen Festschreibung aller möglichen Wünsche und Begierden geführt.

Im Zeichen der Debatten um Political Correctness, Gender und Transsexualismus hat sich diese Entwicklung im Laufe der letzten Jahre weiter verschärft. Heute begnügen die Menschen sich nicht mehr wie früher damit, so anerkannt werden zu wollen, wie sie sind – vielmehr fordern sie Akzeptanz für subjektive Vorstellungen von ihrer tatsächlichen Identität, die oft weit von der objektiven Realität entfernt sind. So kann sich beispielsweise ein Mann, der sich einbildet, eigentlich eine Frau zu sein, auf sein vermeintliches »Recht« berufen, von seinen Mitmenschen als Frau behandelt zu werden: Ich bin zwar ein Mann, fordere jedoch, als Frau behandelt zu werden, weil das der Vorstellung entspricht, die ich von mir selbst habe. Mit anderen Worten, ich beanspruche das Recht, frei zu entscheiden, was bzw. wer ich sein will!

Gleichzeitig hat der Begriff des »Rechtsstaats« als Eckstein der liberalen Demokratie einen Bedeutungswandel erlebt. Ursprünglich bezeichnete er einen Staat, der sich zur Einhaltung der von ihm erlassenen Gesetze verpflichtet. Ein »Rechtsstaat« im heutigen Sinne ist hingegen ein Staat, der die politische Sphäre vollkommen der Judikative unterordnet.

Historisch gesehen wurde die Privatisierung der Commons ebenso unter Berufung auf die Menschenrechte legitimiert wie die Aufhebung der Zünfte durch das Gesetz Le Chapelier. Seit dem 19. Jahrhundert will der Westen weltweit im Namen der Menschenrechte die Durchsetzung seiner Normen erzwingen. Während des Kalten Krieges leisteten die USA im Namen der Menschenrechte brutalsten Diktaturen Unterstützung, nur weil diese zur Eindämmung des Sowjetkommunismus beitrugen (der in Wirklichkeit ein Staatskapitalismus war). In der jüngeren Vergangenheit haben die USA ihren Krieg gegen die »Achse des Bösen« ebenfalls im Namen der Menschenrechte geführt – einschließlich der Tötung von Saddam Hussein und Muammar al-Gaddafi, mit allen bekannten Konsequenzen. Ebenfalls im Namen der Menschenrechte hat eine Mehrheit der Linken keinerlei Gewissensbisse, sich den multinationalen Konzernen und dem amerikanischen Exzeptionalismus anzudienen. Im Namen der Menschenrechte wird das Engagement für soziale Gerechtigkeit zugunsten des Kampfes gegen Diskriminierung hintangestellt, werden die Legalisierung der Leihmutterschaft und die Abschaffung des binären Geschlechts eingefordert. Im Namen der Menschenrechte wird die Masseneinwanderung nach Europa gerechtfertigt. Im Namen der Menschenrechte hat der Europäische Gerichtshof die Bestrafung illegaler Einwanderer verboten und der Europäische Gerichtshof für Menschenrechte Frankreich für seine Weigerung gerügt, im Ausland geborenen Kindern von Leihmüttern die französische Staatsbürgerschaft zuzuerkennen. Im Namen der Menschenrechte wird der Wunsch nach Bewahrung traditioneller Sozialstrukturen und organisch gewachsener Netzwerke als »archaisch« verdammt und der Bruch mit althergebrachten Heiligtümern und Gebräuchen verteidigt. Im Namen der Menschenrechte wird an den Schulen die Vermittlung der französischen Nationalliteratur untersagt. Im Namen der Menschenrechte wird der Rechtsstaat zum Justizstaat umdeklariert, dessen Bürger von Kindesbeinen an die Rhetorik des Rechts beherrschen: »Das ist mein gutes Recht!«

Die Funktion dieser Rhetorik geht inzwischen weit über die Rolle der Menschenrechte als Ersatzideologie hinaus, die das nach dem Scheitern der großen kollektiven Projekte hinterlassene Vakuum füllen soll. Ihre eigentliche Funktion besteht darin, dem Westen erneut eine Rechtfertigung dafür zu bieten, seine Werte und Normen zum Vorbild für alle anderen Kulturen zu erklären – und jeden, der sich dagegen sträubt, als »Barbaren« zu verdammen. Die Geschichte lehrt, daß die Deutungshoheit über Wesen und Inhalt von »Rechten« in aller Regel bei den Vertretern der dominanten Ideologie liegt. Somit ist die Menschenrechtsrhetorik heute vor allem eines: das ideologische Instrumentarium der Globalisierung – und sie muß entsprechend als Mittel der Machtausübung entlarvt und verstanden werden.

*

Am Anfang der Auseinandersetzung mit der Menschenrechtsideologie stehen zwei Fragen: Von welchem Menschen ist überhaupt die Rede? Und von welchem Recht?

Ideengeschichtlich gesehen hat die Menschenrechtsideologie ihren unmittelbaren Ursprung im Menschen- und Gesellschaftsbild des Liberalismus. Um nicht allzuweit in der Geschichte zurückzugehen, soll hier der Hinweis genügen, daß der Individualismus vom Nominalismus abstammt. Dieser wiederum postuliert, daß Universalien lediglich als Denkkonstrukte existieren, während es in der Realität nur Einzelphänomene gibt. Die Subjektivierung des Wertbegriffs ist zudem auf die spanische Spätscholastik zurückzuführen. Aus diesen Lehren ging der Individualismus hervor, der den einzelnen zur alleinigen Realität und somit zum Maß aller Dinge erhob. Der Liberalismus postuliert das Individuum und dessen vermeintlich »natürliche« Freiheit als einzige normative Instanzen im gesellschaftlichen Zusammenleben – was gleichbedeutend mit der Behauptung ist, daß jeder einzelne sich seine eigenen Wert- und Zielvorstellungen setzt.

Daß das so konzipierte Individuum aus jedem sozialen oder kulturellen Kontext gelöst ist, ist insofern folgerichtig, als der liberale Individualismus keine autonome Existenz des Kollektivs anerkennt – weder als Gemeinschaft noch als Volk, Kultur oder Nation. Das Individuum geht immer vor, sei es im Sinne der mythischen Vorstellung eines vorgesellschaftlichen und vorgeschichtlichen »Naturzustands« oder im Sinne eines bloßen normativen Primats. In beiden Fällen ist der Mensch frei, sich als Individuum zu verstehen, ohne seine Beziehungen zu anderen Menschen im Rahmen eines (primären oder sekundären) Gemeinwesens berücksichtigen zu müssen. Die Gesellschaft ihrerseits wird durch die Linse des methodischen Individualismus, als bloße Ansammlung von einzelnen Atomen, wahrgenommen.

Gleichzeitig wird der Mensch als reiner Produzent und Konsument begriffen. Er ist egoistisch, berechnend und strebt immer und ausschließlich die rationale Maximierung seines eigenen Nutzens an, das heißt seiner materiellen Vorteile und privaten Profite. Diese These, die sowohl deskriptiv als auch normativ zu verstehen ist, postuliert den Menschen als Homo oeconomicus, dessen Existenz entsprechend der individualistischen Weltanschauung der Existenz eines Gemeinwesens vorausgeht. Daraus ergibt sich die Lehre vom Gesellschaftsvertrag: Der einzelne verpflichtet sich zur gesellschaftlichen Teilhabe nur unter der Voraussetzung, daß er einen Nutzen daraus zieht. Im Gegensatz zur aristotelischen Vorstellung vom Menschen als von Natur aus politischem und sozialem Wesen ist die Mitgliedschaft in einem Kollektiv nun eine freiwillige Entscheidung: Der Mensch handelt nicht deshalb als soziales Wesen, weil das seiner Natur entspricht, sondern weil er darin einen Vorteil sieht. Er hat also keine ethische Beziehung mehr zu sich selbst, sondern handelt nur noch aus Eigennutz und unter Berücksichtigung seiner materiellen Interessen.

Der Freiheitsbegriff, auf den sich dieser Liberalismus beruft, ist eine Abstraktion. Er ist an die Vorstellung von einem inhärenten »Recht« des einzelnen Menschen gebunden, frei über seine Zeit, seinen Körper und sein Geld zu verfügen (und diese Freiheit gegebenenfalls einzufordern). Diese subjektive Rechtslehre steht in grundsätzlichem Widerspruch zum antiken Naturrecht, wie Michel Villey überzeugend nachgewiesen hat. Weiter wird davon ausgegangen, daß der Mensch zukunftsbezogene Entscheidungen trifft, die in keiner Weise von seinem Erbe oder seiner Herkunft beeinflußt werden – ohne Berücksichtigung seiner Wurzeln, seiner Umgebung, des Umfelds, in dem er lebt, oder der Kultur, innerhalb deren er seine Entscheidungsfreiheit ausübt; das heißt ohne Berücksichtigung aller Elemente, die seine Identität prägen. Der Liberalismus geht vom Primat des Individuums über seine Daseinszwecke aus, wie John Rawls aufgezeigt hat. Der Mensch ist um so freier, je mehr er sich aus allen sozialen Bindungen löst. Er konstruiert seine Präferenzen genauso, wie er sich selbst konstruiert: aus dem Nichts. Die Freiheit der Liberalen ist vor allem die Freiheit des Rechts auf Eigentum. Statt auf dem Sein beruht sie auf dem Haben. Die Fetischisierung des individuellen Privateigentums ist lediglich eine folgerichtige Erweiterung der Vorstellung vom Menschen als Eigentümer seiner selbst. Mit der Entstehung der Marktwirtschaft setzte sich zugleich ein Gesellschaftsbild durch, das jedem Menschen das Recht zugestand, unabhängig von der Gemeinschaft zu handeln, aus der er stammt.

Eingeschränkt wird dieses Recht nur durch die Maßgabe, daß die Freiheit des einen nicht zu Lasten anderer gehen darf. In Artikel 4 der Erklärung der Menschen- und Bürgerrechte von 1789 heißt es ausdrücklich: »Die Freiheit besteht darin, alles tun zu können, was einem anderen nicht schadet.« Alles, was denkbar und möglich ist, ist erlaubt, sofern es nicht im Widerspruch zu den Begierden anderer steht. Der liberale Freiheitsbegriff definiert sich also rein negativ: als »Freiheit von« statt »Freiheit zu«, als Recht zur Verweigerung jeglicher Einmischung von außen. Vor allem beinhaltet er keinerlei Verpflichtung, zum Guten zu handeln – weder zum eigenen Wohl noch zum Wohl anderer Menschen. Man kann sich selbst soviel Schaden zufügen, wie man will, sofern andere dadurch nicht beeinträchtigt werden. Dies bedeutet eine radikale Abkehr von der Vorstellung des Telos und des Strebens nach Vollkommenheit. Der Beobachtung des Politologen Pierre Manent ist zuzustimmen: Der Liberalismus ist zuvorderst eine Absage an jede wert- oder zielorientierte Deutung der menschlichen Existenz.

Die Anerkennung des unveräußerlichen Rechts des einzelnen auf seine uneingeschränkte Entscheidungsfreiheit beinhaltet automatisch die gesellschaftliche und juristische Akzeptanz sämtlicher denkbaren Lebensentwürfe als gleichwertig. Wie Charles Robin richtig sagt, muß »vor diesem Hintergrund jeglicher Verweis auf allgemeine Moralvorstellungen oder gemeinsame Werte autoritär oder freiheitsfeindlich klingen, da damit die Erkenntnis verbunden ist, daß philosophische Sinnstiftung und Legitimität jenseits des Individuums existiert«.

Aus moralischer Perspektive ist das ein radikaler Paradigmenwechsel. Der Liberalismus hat von Anfang an den Egoismus des einzelnen zur Voraussetzung für den Wohlstand der Gesamtheit erklärt. Statt den Menschen zum maßvollen und verantwortungsbewußten Umgang mit seiner Um- und Mitwelt anzuhalten, fördert und zelebriert der Liberalismus Exzeß, Pleonexie und grenzenlose Habgier. Adam Smith erklärte den Eigennutz des einzelnen zum volkswirtschaftlichen Effizienzmotor. Diesen Gedanken der öffentlichen Vorteile privater Laster griff Bernard de Mandeville in seiner *Bienenfabel* von 1705 auf. Die sogenannte Axiomatik des Eigennutzes ist lediglich die philosophische Rechtfertigung der natürlichen Disposition des Menschen zum Egoismus. Auf dieser Prämisse beruht auch die Metaphysik der Subjektivität (Heidegger), ein System, das gleich beide Komponenten des Begriffs

»Gemein-Wohl« negiert, ganz zu schweigen von jeglicher Verbindung zwischen ihnen.

Eine liberale Politik kann es Carl Schmitt zufolge nicht geben, da dem Liberalismus – abgesehen vom Primat des Ökonomischen über das Politische (und des Privaten über das Öffentliche) – eine unbezwingbare Tendenz innewohne, politische Probleme zu neutralisieren, indem er sie entpolitisiert. Tatsächlich gründet der politische Liberalismus auf den Rechten der einzelnen. Die Staaten müssen diese Rechte garantieren, können sie jedoch nicht begründen, da sie ja angeblich vor jedem Gemeinwesen existierten. Ebendeswegen gehen sie auch nicht unmittelbar mit Verpflichtungen einher, würden diese doch ebenfalls die Existenz eines Gemeinwesens voraussetzen: Pflichten gegenüber anderen kann ich nur und erst dann haben, wenn diese anderen bereits existieren. Der Zweck der Gesellschaft besteht dieser Weltanschauung zufolge einzig und allein in der Erfüllung individueller Wünsche und Begierden, die sofort zu »Rechten« und »Bedürfnissen« umdefiniert werden. Die Vorstellung von einem Gemeinwohl entbehrt somit jeglicher Bedeutung.

Entsprechend ist auch der Staat nur dazu da, dem Individuum und seiner »Entscheidungsfreiheit« zu dienen, insbesondere seinem Recht, frei in seinem eigenen Interesse zu handeln. Die einzige Rolle, die die Mehrzahl der Liberalen dem Staat – über die gesetzliche Garantie der Rechte des einzelnen hinaus – zuerkennt, ist als Garant für die Bedingungen, die für den freien Handel, also das freie Spiel der wirtschaftlichen Vernunft auf dem Markt, erforderlich sind.

Als Gendarm, Geschäftsführer oder Schiedsrichter, der für die Durchsetzung privater Interessen zuständig ist, hat der liberale Staat keinen eigenen Zweck. Er darf sich weder in wirtschaftliche oder kommerzielle Angelegenheiten einmischen noch seinen Bürgern ein wie auch immer konzipiertes Modell vom »guten Leben« (Aristoteles) vermitteln, da dies eine Bevorzugung bestimmter Vorstellungen gegenüber anderen bedeuten würde. Statt dessen muß die Gesellschaft nach »wertneutralen« Prinzipien gelenkt werden, so daß jeder einzelne die Freiheit hat, gemäß seiner persönlichen Definition glücklich zu leben.

Der sogenannte politische Liberalismus ist also lediglich die Anwendung von Prinzipien auf die politische Sphäre, die sich aus einer individualistischen Wirtschaftslehre ableiten, die die Rolle des Politischen auf ein absolutes Minimum zu beschränken und ihm seine Vorrechte abzusprechen trachtet, indem sie der politischen Souveränität im engeren Sinne die Souveränität der Märkte entgegensetzt. Das Ideal der »axiologischen Neutralität« impliziert seinerseits die Entmachtung des Politischen, das schließlich immer die Entscheidung zwischen mehreren möglichen Wegen zur Realisierung von Zielen beinhaltet, die auf bestimmten Werten gründen. Der Liberalismus begünstigt statt dessen die Entstehung einer Expertokratie, die jedes Problem auf eine »Sachfrage« reduziert, für die es immer nur eine einzige Lösung geben kann. Im Rahmen der allgemeinen Verdinglichung der sozialen Beziehungen, die der junge Georg Lukács sehr treffend beschrieben hat, erinnert auch diese Methode, Menschen zu regieren, eher an die Verwaltung von Sachgütern.

In einer antiholistischen Weltanschauung ist das Ganze lediglich die Summe seiner Teile und die Gesellschaft lediglich die Summe ihrer individuellen Mitglieder – entsprechend der Behauptung Margaret Thatchers: »Es gibt keine Gesellschaft.« Ohne eine Gesellschaft gibt es auch keine gemeinsamen Werte und Sinnhorizonte.

*

Seit ihrer Entstehung sind die Menschenrechte Gegenstand kritischer Betrachtungen aus verschiedensten Perspektiven, unter anderem aus traditionalistischer, konservativer, positivistischer, utilitaristischer und marxistischer Sicht. Nicht alle diese Kritiken sind gleichermaßen überzeugend, und die wenigsten treffen den eigentlichen Kern. Ein Unterschied besteht auch zwischen Kritik von außen, die frontal gegen die Menschenrechtsideologie gerichtet ist, und Kritik von innen, die ihre Grundlagen nicht in Frage stellt, sondern lediglich moniert, daß diese inhaltlich nicht weit genug gehen bzw. nicht konsequent genug durchgesetzt werden.

Insbesondere betrifft dies eine Kritik aus linken Kreisen, die im Hinblick auf die Umsetzung der Menschenrechte eine Kluft zwischen Theorie und Praxis anprangert. Dabei wird gern auf die Heuchelei der Machthaber verwiesen, die die Menschenrechtsrhetorik in den Dienst ihrer eigenen Interessen stellen. Teilweise wird sogar bemängelt, daß die Individualrechte nicht mit sozialen oder kulturellen Kollektivrechten verbunden sind. Dieser Sichtweise zufolge, die bereits von Kritikern wie Jean Jaurès oder Albert Bayet vertreten wurde, ist das Menschenrechtsprojekt bislang »unvollendet« geblieben. Diese These ist nicht falsch, greift aber viel zu kurz. Schließlich ist es seit langem kein Geheimnis, daß zwischen theoretischer Formulierung und lebensweltlicher Umsetzung von Regeln oft himmelweite Unterschiede bestehen. So ist die Geschichte der Menschenrechte zugleich die Geschichte der Verstöße gegen die Menschenrechte, die mindestens so häufig mißachtet und mißbraucht, wie sie proklamiert werden.

Die radikalste Kritik kommt aus konterrevolutionären Kreisen und richtet sich konkret gegen die Menschenrechte als Grundlage der Französischen Revolution, die hier als monolithisches Ereignis betrachtet und verdammt wird – ohne Berücksichtigung der unterschiedlichen ideologischen Strömungen, die in sie eingingen. Diese Kritik verfolgt einzig und allein das Ziel einer Rückkehr zur Monarchie bzw. zum Ancien régime. Zu ihren einflußreichsten Vertretern zählt Joseph de Maistre, der die Revolution von 1789 auf »satanische« Ursprünge zurückführt und seine Kritik an den Menschenrechten mit dem Insistieren auf den Pflichten des Menschen gegenüber Gott begründet. Für ihn ist schon der Wille der Revolutionäre, eine von Menschen geschriebene Verfassung einzusetzen, Ausdruck übermäßigen Stolzes.

Kaum weiter geht die konservative Kritik an den Menschenrechten, beschränkt sie sich doch im wesentlichen auf eine Ablehnung des Idealismus und abstrakten Universalismus, auf dem sie beruhen. Der Staatsphilosoph und geistige Vater des britischen Konservatismus Edmund Burke bezeichnet in seinen *Betrachtungen über die Französische Revolution* (1790) – dem Werk, das mit elf Neuauflagen im Jahr seiner Erstveröffentlichung den Ruhm des britischen Philosophen begründete – die Französische Revolution als »Frucht der abstrakten Vernunft der Philosophen«. Als Befürworter der amerikanischen Unabhängigkeit richtet Burke seine Kritik nicht gegen die Vorstellung einer Existenz natürlicher Rechte als solche, sondern gegen ihre konkrete Ausprägung in der Erklärung von 1789, in deren »abstrakter Perfektion« er ihren »praktischen Mangel« sieht: »Freiheiten und Restriktionen ändern sich mit der Zeit und den Umständen und gestatten unbegrenzte Veränderungen, die nicht auf einer abstrakten Regel beruhen können.« Burke lehnt zwar den Begriff der Nation ab, macht gegen den Universalismus der Menschenrechte jedoch die Erkenntnis geltend, daß jedes Volk das Produkt einer einzigartigen Geschichte ist. Sein Versuch, sowohl Traditionen als auch traditionelle Privilegien und soziale Vorurteile zu verteidigen, erinnert stark an Friedrich von Hayeks Kritik des »Konstruktivismus«. Ähnliche Argumente finden sich bei Thomas Carlyle, Friedrich von Gentz und Hippolyte Taine.

Ein vollkommen anderer Ansatz wird in der marxistischen Kritik vertreten. Nicht zu Unrecht bezeichnet Claude Leclercq Marx und Engels als die schärfsten Kritiker der Lehre von den individuellen Naturrechten. Marx hat dabei nicht nur den rein förmlichen – und daher illusionären – Charakter der in der Menschenrechtserklärung proklamierten Freiheiten bemängelt, sondern auch das bürgerlich-liberale Menschenbild und die marktwirtschaftlichen Werte, die ihnen zugrunde liegen; Kritikpunkte, die nicht von der Hand zu weisen sind.

Dieses Buch soll ausdrücklich über diese bisherigen Kritikansätze hinausgehen – nicht nur im Sinne einer Synthese, sondern indem es darauf besteht, daß die Auseinandersetzung mit der wesentlichen Frage nach den menschlichen Freiheiten unabhängig von der Menschenrechtslehre geführt werden kann und geführt werden muß.

*Alain de Benoist,*
11. November 2022

# Einleitung

Manchmal fragt man sich, was Europa zur Weltgeschichte beigetragen hat. Die beste Antwort ist vielleicht diese: den Begriff der Objektivität. Alles andere, was die spezifischen Errungenschaften unseres Kulturkreises ausmacht, folgt daraus: die Idee der Person und der persönlichen Freiheit; das Gemeinwohl, insofern es sich von Einzelinteressen unterscheidet; die Gerechtigkeit als Streben nach Gleichheit (im Gegensatz zur Rache); das Ethos der Wissenschaft und die Achtung vor den empirischen Fähigkeiten; das philosophische Denken, insofern es sich vom Glauben emanzipiert und den Denker ermächtigt, eigenständig die Welt zu erdenken und die Wahrheit zu erfragen; die Neigung zur Distanz und die Bereitschaft zur Selbstkritik, die dialogische Geisteshaltung, ja selbst der Begriff der Wahrheit.

Der Universalismus ist eine Entstellung der Objektivität. Während Objektivität sich aus dem Besonderen entwickelt, meint der Universalismus die Besonderheit anhand einer willkürlich gesetzten abstrakten Vorstellung definieren zu können. Statt das Sollen aus dem Sein herzuleiten, geht er umgekehrt vor. Universalismus bedeutet nicht, die Dinge objektiv zu sehen, sondern von einer übergreifenden Abstraktion auszugehen, aus der sich das Wissen um die Natur der Dinge ableiten soll. Dieser Irrtum ist die symmetrische Umkehrung eines anderen Irrtums, der in der Metaphysik der Subjektivität besteht, die das Gute auf das »für mich« oder »für uns« Günstige und das Wahre auf das eigene Gefühl oder den Konsens einer engen Gemeinschaft beschränkt. In der europäischen Tradition galt der Kampf des Menschen gegen seine ungehemmte Subjektivität stets als Notwendigkeit. Martin Heidegger sagt, die gesamte Geschichte der Neuzeit handle davon, wie sich die Metaphysik der Subjektivität entfaltete.

Der Subjektivismus führt zwangsläufig zum Relativismus (alles ist gleichermaßen gültig) und mündet so in die egalitäre Schlußfolgerung des Universalismus (alle sind gleich viel wert). Nur die Willkür des eigenen Ermessens kann den Relativismus überwinden: Meine (oder unsere) Ansicht muß sich durchsetzen, weil sie meine (oder unsere) Ansicht ist. Damit werden die Begriffe der Gerechtigkeit wie des Gemeinwohls ausgehöhlt.

Die Ideologie der Menschenrechte vereint diese beiden Irrtümer. Sie ist universalistisch, weil sie sich überall aufzwingen will, ohne Traditionen, Beziehungen und Kontexte zu berücksichtigen. Sie ist subjektivistisch, weil sie die Rechte als subjektive Attribute des einzelnen Individuums definiert.

»Das Heiligtum der Menschenrechte«, schreibt Marcel Gauchet, bis 2020 Herausgeber der historisch-politischen Zeitschrift *Le Débat*, »ist ohne Zweifel das bedeutendste ideologische und politische Faktum unserer letzten zwanzig Jahre.«[1] Die Menschenrechte, fährt er fort, sind zum »ideologischen Schwerpunkt« sämtlicher Ereignisse geworden. Über kurz oder lang wird ihre Hegemonie alle politischen und sozialen Diskurse ersetzen, die sich einst auf Begriffe stützen konnten, die heute abgenutzt oder diskreditiert erscheinen (Tradition, Nation, Fortschritt, Revolution). Als einziger Kompaß eines desorientierten Zeitalters bieten sie minimalen moralischen Halt. Sie bilden den »moralischen Horizont unserer Ära«, sagt der Juraprofessor und ehemalige französische Justizminister Robert Badinter. Sie müssen zum »Fundament aller Gesellschaften« werden, ergänzt Kofi Annan. Sie beinhalten »im Keim den Gedanken einer echten Weltregierung«, behauptet der Mitgründer des Magazins *Le Nouvel Observateur* Jean Daniel.

Damit nicht genug. Weil sie sich auf »Wahrheiten« gründen, die als »offensichtlich« bezeichnet werden (»*We hold these truths to be self-evident*«, heißt es schon in der amerikanischen Unabhängigkeitserklärung vom Juli 1776), empfehlen sie sich als die Zehn Gebote der Neuzeit. Als Grundlage einer neuen Weltordnung strahlen sie einen geradezu sakralen Charakter aus. So kommt es, daß die Menschenrechte als »Religion der Menschlichkeit« (Nadine Gordimer), als »säkulare Weltreligion« (Elie Wiesel) gelten können. Sie sind, so der französische Philosoph Régis Debray, »die bislang letzte unserer Zivilreligionen, die Seele einer seelenlosen Welt«.[2]

Eine »offensichtliche Wahrheit« hat den Rang eines Dogmas: Sie läßt keine Diskussion zu. Die Ideologie der Menschenrechte zu kritisieren erscheint heute ebenso unschicklich, ebenso gotteslästerlich, ebenso skandalös, wie es einst der Zweifel an der Existenz Gottes war. Wie jede Religion sucht auch der Glaube an die Menschenrechte seine Dogmen als so absolut darzustellen, daß man sie nicht anzweifeln kann, ohne als strohdumm, unanständig oder böswillig dazustehen. Indem man die Menschenrechte zu »menschlichen«, ja zu »universellen« Rechten erklärt, entzieht man sie zwangsläufig der Kritik – dem Recht nämlich, sie in Frage zu stellen – und macht zugleich ihre Kritiker zu Unmenschen. Denn wie könnte man sich gegen jemanden wenden, der im Namen der Menschlichkeit spricht, und dabei selbst menschlich bleiben? Genauso wie sich früher die Gläubigen das Recht anmaßten, Heiden und »Gottlose« mit allen Mitteln zu bekehren, halten die Apostel der Menschenrechte sich für berufen, der ganzen Welt ihre Lehre aufzuzwingen. Die Ideologie der Menschenrechte, die sich theoretisch auf das Prinzip der Toleranz gründet, führt zu extremer Intoleranz, zu absolutem Ausschluß. Die Versprechungen der Menschenrechte sind eher Kriegserklärungen als Liebeserklärungen.

Doch die Prediger der Menschenrechte verfolgen heute noch andere Ziele. Es geht nicht nur darum, eine Ersatzideologie zu schmieden, nachdem die »großen Erzählungen« der Vergangenheit gescheitert sind. Aus dem Versuch, allen Völkern eine ganz bestimmte Moralvorstellung aufzuzwingen, spricht auch die Absicht, dem Westen sein gutes

Gewissen zurückzugeben und ihm damit zu gestatten, sich einmal mehr als Vorbild aufzuspielen. Wer dieses Vorbild ablehnt, darf als »Barbar« abgestempelt werden. Die Geschichte hat gezeigt, daß »Rechte« allzuoft nur das waren, was die Machthaber der vorherrschenden Ideologie dazu erklärten. In Verbindung mit der Expansion der Märkte dient die Rhetorik der Menschenrechte als ideologische Verkleidung der Globalisierung. Vor allem anderen ist sie ein Instrument der Herrschaft, und sie muß als solches begriffen werden.

Die Menschen müssen überall auf der Welt die Möglichkeit haben, sich gegen Tyrannei und Unterdrückung zur Wehr zu setzen. Die Ideologie der Menschenrechte anzufechten heißt ganz eindeutig nicht, dem Despotismus das Wort zu reden. Eher bedeutet es, Zweifel zu äußern, ob diese Ideologie das beste Mittel gegen den Despotismus ist. Es bedeutet, Fragen zu stellen bezüglich der Voraussetzungen, auf denen diese Theorie beruht, bezüglich des nomologischen Status der Rechte, bezüglich ihrer möglichen Instrumentalisierung. Es bedeutet auch, einen anderen Lösungsweg vorzuschlagen. Freiheit ist ein Kardinalwert. Sie ist nicht mehr und nicht weniger als die Essenz der Wahrheit. Aus diesem Grund muß sie aus den überkommenen Denkmustern des Universalismus und der Subjektivität herausgelöst werden. Wahrscheinlich ist es kein Zufall, daß die Menschenrechte gerade in einer zunehmend entmenschlichten Gesellschaft lautstark verkündet werden: in einer Gesellschaft, in der die Menschen selbst immer mehr zu Gegenständen werden und zwischenmenschliche Beziehungen zum Warenaustausch verkommen, in der allerorten neue Formen der Entfremdung entstehen. Es gibt viele Wege, anderen Menschen Respekt und Solidarität zu bezeugen. Die Frage der Freiheiten läßt sich weder juristisch noch moralisch beantworten. Sie ist zuvorderst eine politische Frage, die politisch gelöst werden muß.

1 La démocratie par elle-même. Gallimard-Tel, 2002, S. 326. München
2 Que vive la République. Odile Jacob, 1989, S. 173.

# Wie rechtens sind die Menschenrechte?

Die herkömmliche Rechtslehre definiert die »Menschenrechte« als angeborene, der menschlichen Natur innewohnende Rechte, an denen jeder einzelne vom »Naturzustand« an teilhat, also noch vor jeder gesellschaftlichen Beziehung. Als subjektive Attribute eines Einzelwesens, vorpolitisch und vorgesellschaftlich, die jedem Menschen aufgrund seines Menschseins zustehen, können sie nur Individualrechte sein: Menschenrechte sind diejenigen Rechte, die das Individuum nach eigenem Gutdünken geltend machen kann; sie bilden die Privilegien, auf die ihr Träger Anspruch hat. Als Erbteil der gesamten Menschheit sind sie angeblich aus den Dimensionen des Raums und der Zeit befreit, überall und jederzeit gültig, von Lebensumständen, politischen Situationen, gesellschaftlichen und geschichtlichen Zusammenhängen unabhängig. Sie sind universell und unveräußerlich. Kein Staat kann sie schaffen, bewilligen oder abschaffen, denn sie sind älter und höher als jede soziale und politische Ordnung. Die Staatsgewalt kann sie nur anerkennen und sich verpflichten, sie zu garantieren und zu respektieren. Aus dieser Definition erschließt sich der Grundgedanke, daß der Mensch sich nicht auf sein soziales Wesen reduzieren läßt, daß sein wahres Wesen anders beschaffen ist.

Die Menschenrechte sind ahistorisch, aber nicht geschichtslos. Den Ausdruck *jura hominum* findet man erst seit 1537. Als erstes gilt es also zu fragen, wie die Entwicklung aussah, an deren Ende die Anerkennung und dann die »Erklärung« der Menschenrechte stehen konnte, und inwieweit ihre juristische Festschreibung traditionelle Rechtsformen fortsetzt.

Ursprünglich war Recht keineswegs als Zusammenspiel von Regeln und Verhaltensnormen (die in den Bereich der Moral gehören) definiert, sondern als Disziplin, deren Ziel darin besteht, die Mittel zu bestimmen, die am besten geeignet sind, ein Gleichgewicht zwischen verschiedenen Parteien herzustellen. Gerechtigkeit im juristischen Sinn war für die antiken Griechen eine Frage der Proportionen, der Ausgewogenheit zwischen Gütern und Lasten. Entsprechend strebte auch das *ius* des klassischen römischen Rechts die »gerechte Teilung« zwischen den Menschen an, den Anteil, der jedem zusteht: *suum cuique tribuere.* Cicero sagte: »Beim bürgerlichen Recht sei also dies der leitende Gesichtspunkt: die Bewahrung dessen, was nach dem Gesetz und der Gewohnheit in den Angelegenheiten und den Interessen der Bürger recht und billig ist.«[1] Dem Juristen fällt die Aufgabe zu, diese gerechte Verteilung herbeizuführen. Gerechtigkeit liegt in der Ausgewogenheit und Redlichkeit der Beziehungen zwischen Einzelpersonen. Sie zielt somit auf die Harmonie der Gemeinschaft. Das Recht ist demnach vorrangig für die Verteilungsgerechtigkeit zuständig, das heißt für eine Gerechtigkeit, die ein Gleichgewicht der Bürger untereinander und hinsichtlich des Gemeinwohls gewährleistet. Die menschliche Natur dient als Bezugspunkt, aber sie wird nicht aus dem gesellschaftlichen Zusammenhang herausgelöst. Sie bildet nur ein Element in einer hierarchischen Struktur, die jedem Menschen seinen Platz und seine Funktion zuweist.

Dieser klassische Begriff des Naturrechts läßt keinen Raum für Universalismus, Subjektivismus oder Kontraktualismus. Ein subjektives Recht, das einer Person jenseits des Sozialen zustünde, ist undenkbar. »Rechte« sind lediglich Anteile, die den Betroffenen zustehen, sie ergeben sich aus einer Aufteilung, die der Richter anordnet. Das Recht bezieht sich nie auf eine Einzelperson, auf ein Individuum, das als solches betrachtet würde. Genausowenig bezieht es sich auf die

Gattung Mensch: Die Antike machte sich kein Bild vom Menschen an sich. »Den Griechen«, merkt der Historiker Jean-Pierre Vernant an, »ist diese uns selbstverständlich erscheinende Vorstellung von einem einzigartigen Individuum, das über universelle und unveräußerliche Rechte verfügt, völlig fremd.«[2] Das hinderte sie aber keineswegs daran, die Demokratie zu erfinden und den Begriff der Freiheit höher zu schätzen als andere Kulturen.

Ein erster Bruch machte sich mit der Entstehung des Christentums bemerkbar. Die christliche Lehre behauptete, jeder einzelne Mensch sei an sich wertvoll. Weil er eine Seele hat, die ihn mit Gott selbst verbindet, wird der Mensch zum Träger eines absoluten Wertes, eines Wertes also, der weder mit seinen persönlichen Eigenschaften noch mit seiner Zugehörigkeit zu einer bestimmten Gemeinschaft zu verwechseln ist. Zugleich formuliert das Christentum eine rein individuelle Definition von Freiheit als Fähigkeit eines vernunftbegabten Wesens, in Übereinstimmung mit der Moral zwischen den Mitteln zu wählen, die zu einem bestimmten Zweck führen. »Radix libertatis sicut subjectum est voluntas, sed sicut causa est ratio«, sagte Thomas von Aquin. Diese Betonung des freien Willens beinhaltet unausgesprochen den Gedanken, daß der Mensch sich aus seinen natürlichen Bestimmungen lösen, daß er einzig auf der Grundlage seiner Vernunft entscheiden und somit die Welt seinem Willen gefügig machen kann. Zunächst bedeutet diese Willensfreiheit die Macht, Gottes Angebot anzunehmen. Das bessere Leben setzt eine Transformation des Willens voraus, die nur die Gnade bewirken kann.

Mit diesen anthropologischen Neuerungen trennte das Christentum das irdische Dasein des Menschen von seinem Ursprung (Gott). Der in gesellschaftliche Zusammenhänge eingebundene Mensch ist von seiner ontologischen Verankerung abgeschnitten, da diese der Seele vorbehalten bleibt. Die Bande der Menschen untereinander sind nach wie vor von Bedeutung, aber nur noch von zweitrangiger. Das gemeinsame Leben, das Zusammen-Sein, wird nicht länger mit dem Sein gleichgesetzt. Insofern hat Hegel nicht unrecht, wenn er das Aufkommen des Subjektivismus mit dem Christentum anfangen läßt.

Vor allem in der augustinischen Tradition wurde die überirdische Gemeinschaft wichtiger als diejenige, die den Menschen an seine Mitmenschen bindet. »Der Christ ist nicht mehr Teil eines politischen Organismus«, schreibt Michel Villey, »sondern ein unendliches Ganzes, ein Wert an sich. Er wird zum Selbstzweck, der höher ist als die irdischen Zwecke der Politik, und seine Person transzendiert den Staat. Hier sind schon die neuzeitlichen Freiheiten des Individuums angelegt, die sich gegen den Staat geltend machen lassen – aus diesem Keim werden unsere ›Menschenrechte‹ sprießen.«[3] Weil es dem Christentum um die metaphysische Bestimmung des Menschen geht und nicht um sein irdisches Schicksal, neigt es dazu, den Nutzen der menschlichen Gerechtigkeit für die wahrnehmbare Welt zu vergessen.

Mit demselben Nachdruck vertrat Augustinus die christliche Vorstellung, daß der Weg zum Heil durch das Innere führt: »Noli foras ire, in te ipsum redi; in interiore homine habitat veritas« (»Tritt in dich selbst ein, statt dich nach außen zu wenden; die Wahrheit wohnt im Inneren des Menschen«). Das Innenleben – und nicht mehr die Welt – wird zur Stätte der Wahrheit. Über die Innerlichkeit, Ort einer inneren Freiheit und zugleich Sitz der Seele, findet der Mensch zu Gott. Mit dieser Denkweise kommt in der westlichen Philosophie ein Hang zur Selbstreflexion auf, der sich später in reine Subjektivität verwandelt. In der Vorstellung, daß die Wahrheit im Inneren des Menschen zu finden sei, kündigt sich die neuzeitliche Vorstellung einer Privatsphäre an, die als bevorzugter Raum der individuellen Entfaltung von der öffentlichen Sphäre getrennt und von äußeren Umständen abgekoppelt ist. Descartes wird den augustinischen Gedanken der Innerlichkeit später aufgreifen und in eine neue Richtung entwickeln, indem er die Ursprünge der Moral im *cogito*, im Ich-denke, verortet. Der Rückzug ins Private, so könnte man sagen, die Schaffung einer Sphäre, in der das gute Leben sich hinfort auf das Alltägliche beschränkt, beginnt mit diesen Aufrufen zur Introspektion.

Der Glaube an einen einzigen Gott führt obendrein dazu, daß alle Menschen unterschiedslos als Kinder dieses einen Gottes betrachtet werden. Dadurch nimmt Menschlichkeit zugleich eine moralische Bedeutung an. Die christliche Lehre radikalisiert eine schon im Stoizismus vorhandene universalistische Tendenz und verkündet die moralische Einheit des Menschengeschlechts. »Es kann keinen Zweifel daran geben«, so der Essayist Olivier Mongin, Herausgeber der Zeitschrift *Esprit*, »daß der Egalitarismus, der dem Naturrecht auf Zugehörigkeit zur menschlichen Gemeinschaft zugrunde liegt, sich nicht von einem jüdisch-christlichen Weltbild trennen läßt, geschweige denn von den neutestamentarischen Werten.«[4]

Die christliche Liebe (Agape) mag den Akzent noch so sehr auf die »Nächstenliebe« setzen – sie kann nie beim Nächsten haltmachen. Zwar kann sie eine Rangfolge der Zuneigungen gestatten oder gewisse Präferenzen legitimieren – auf der metaphysischen Ebene kennt sie keine Grenzen. Zudem wird der Nächste weniger um seiner selbst willen »geliebt« denn als Geschöpf Gottes. Mit anderen Worten, er wird gerade für das geliebt, was ihn grundsätzlich nicht von anderen Menschen unterscheidet – für das, was ihn zum Ebenbild aller anderen macht (nämlich daß er von Gott geschaffen wurde). Der Politologe Pierre Manent hat gezeigt, daß der Mensch zwei verschiedene Wege kennt, sich mit anderen Menschen verbunden zu fühlen. Einerseits kann er sein Wohlwollen ganz natürlich demjenigen schenken, der es am nötigsten hat, einem leidenden Menschen zum Beispiel. Die Verbindung zwischen zwei Menschen entsteht also aus Mitgefühl. Der zweite Weg ist ein völlig anderer: »Das Gefühl der Verbundenheit richtet sich nicht auf einen sichtbar leidenden Körper, sondern auf etwas Unsichtbares, auf die Seele, wenn man so will, oder genauer gesagt auf die Würde der Person.«[5] Dies ist der christliche Weg. Uneingeschränkt wie er ist, beinhaltet der christliche Universalismus im Keim sämtliche weiteren Entwicklungen der Vorstellung einer grundlegenden Gleichheit. Die Agape nimmt schon das neuzeitliche Ideal des tatkräftigen universellen Wohlwollens vorweg: Aufgrund ihrer gleichen Würde haben alle Menschen das Recht, mit der gleichen Achtung behandelt zu werden.

Die Kirche verkündet die universelle Bruderschaft der Menschen in Christus sowie ihre Gleichheit vor Gott, zunächst aber ohne daraus eine bestimmte Form der gesellschaftlichen Organisation abzuleiten.

Der Lehre des Aristoteles folgend ging Thomas von Aquin weiterhin von einem wohlgeordneten Kosmos aus und von einem Recht, das zur Förderung des Gemeinwohls dient.

Der nächste Meilenstein war die Entstehung des subjektiven Rechtsbegriffs. Historisch steht dieser Begriff in Zusammenhang mit dem Aufschwung der nominalistischen Lehre im Mittelalter. Diese Lehre, die als Reaktion auf den Universalismus zu verstehen ist, behauptet, daß es kein anderes Sein als das einzigartige gibt, daß also im Universum nur individuelle Wesen existieren. Diese These erläuterte Wilhelm von Ockham im Rahmen einer berühmten theologischen Debatte, in der es um die Frage ging, wie sich das Recht der Franziskaner, Land zu besitzen, rechtfertigen läßt, wenn sie doch Armut gelobt haben. Wenn nur dem Individuum eine Existenz zugesprochen wird, folgt daraus, daß die Gemeinschaft nichts als eine Aneinanderreihung von Individuen ist. Rechte werden damit zu individuellen Befugnissen, deren Legitimation in der Natur liegt.

Der Nominalismus ging davon aus, daß das Naturgesetz weniger die göttliche Ordnung als den göttlichen Willen widerspiegelt. Eine natürliche Ordnung, die von sich aus anzeigte, was gut und was böse ist, müßte Gott daran hindern, souverän über das Gute zu entscheiden. Geht man von Gottes absoluter Freiheit aus, so wird klar, daß die Natur keinerlei Zwang auf diese Freiheit ausüben kann. Daraus schloß Wilhelm von Ockham, daß das Recht nicht die ausgewogene Beziehung zwischen den Dingen, sondern das Abbild des göttlichen Willens sein muß. Damit hat das Universum bereits seine Bedeutung und seinen eigentlichen Daseinsgrund verloren.

Als nächstes folgt die spanische Scholastik, die vor allem von der politischen Lehre des Augustinismus beeinflußt ist. Recht und Gerechtigkeit gelten ihr als Normen, die aus dem Moralgesetz abgeleitet werden. Der Ausdruck *justitia* ist eine relativ späte Ableitung des lateinischen Wortes *jus*: Erst seit dem 4. Jahrhundert werden »Recht« und »Gerechtigkeit« im Sinne eines universellen philosophischen Begriffs aufeinander bezogen. Im 16. Jahrhundert geht die scholastische Theorie unter dem Einfluß der zwei bedeutendsten Vertreter der Schule von Salamanca, Francisco de

Vitoria und Francisco Suárez, von einem objektiven Naturrechtsbegriff, der sich auf die Natur der Dinge beruft, zu der Vorstellung eines subjektiven Naturrechts über, dessen Grundlage die individuelle Vernunft ist. Der Jesuit Suárez lehrt die politische Einheit des Menschengeschlechts und behauptet, das Soziale und Politische lasse sich nicht mit der natürlichen Neigung des Menschen zur Geselligkeit erklären: Darüber hinaus bedürfe es eines Willensakts sowie der Übereinstimmung der Einzelwillen. (Diesen Gedanken greift Pufendorf später auf.) Dem fügt de Vitoria hinzu: »Das Recht des Menschengeschlechts ist das, was die natürliche Vernunft unter allen Völkern zum Gebrauch gemacht hat.« So werden Rechte synonym mit einer individuellen Befugnis, die das Moralgesetz gewährleistet, einer moralischen Handlungsermächtigung. Mit dem subjektiven Recht, so der Rechtsphilosoph und Rechtshistoriker Michel Villey, wird das Individuum »zum Mittelpunkt wie zum Ursprung des juridischen Universums«[6].

Diese Entwicklung, die hier sehr verkürzt skizziert wurde, zeigt den grundlegenden Unterschied zwischen dem klassischen und dem neuzeitlichen Naturrecht. Die Natur, von der das erstere ausgeht, ist die des Kosmos – ein externes Prinzip, das eine objektive Perspektive bezeichnete, so daß das Recht, das sich aus ihm ableitete, ebenfalls ein objektives war. Das Naturrecht der Neuzeit ist ein subjektives Recht, das sich allein aus dem Menschen herleiten läßt. Seine Grundsätze, die von der vernünftigen Natur des Menschen ausgehen, legen fest, wie die Menschen leben sollen, ohne sich auf die Existenz einer bestimmten Gesellschaft zu beziehen.

Von einem kosmologischen ist man damit zu einem theologischen Naturalismus übergegangen. In einem zweiten Schritt werden Rechte nicht länger mit der Tatsache begründet, daß alle Menschen »in Gottes Ebenbild« geschaffen worden sind. Statt dessen sucht man ihre Legitimation in der menschlichen Natur. Das Recht wird nicht mehr vom göttlichen Gesetz aus gedacht, sondern allein von der menschlichen Natur aus, die durch die Vernunft bestimmt ist. Dies war sowohl philosophisch als auch methodologisch eine Revolution, die unmittelbare politische Folgen zeitigen sollte.

Die ersten neuzeitlichen Theoretiker der Menschenrechte gingen in ihrer Argumentation von der Vorstellung eines »Naturzustands« aus, die man schon im 16. Jahrhundert bei dem spanischen Jesuiten Mariana findet. »Das natürliche Recht«, so Hobbes in der Einführung zum 14. Kapitel seines *Leviathan*, »ist die Freiheit eines jeden, seine eigene Macht nach seinem Willen zur Erhaltung seiner eigenen Natur, das heißt seines eigenen Lebens, einzusetzen und folglich alles zu tun, was er nach eigenem Urteil und eigener Vernunft als das zu diesem Zweck geeignetste Mittel ansieht.«[7] Das Recht, schreibt er an anderer Stelle, ist »die Freiheit, die jeder hat, seine natürlichen Vermögen gemäß der rechten Vernunft zu gebrauchen«.[8] Im Naturzustand ist das Recht eine Macht, von der der Mensch freien Gebrauch machen kann. Die Richtschnur dieses Rechts ist der Nutzen. Für Hobbes wie für Locke ist das Wesen des Menschen vor allem ein berechnendes, das ständig seinen Nutzen, seinen Vorteil, seine Interessen verfolgt. Dementsprechend tritt der Mensch in ein Vertragsverhältnis mit anderen ein, weil er darin einen Vorteil vermutet – Locke zufolge, um sein Recht auf Eigentum zu sichern; Hobbes zufolge, um sich gegen die im Naturzustand allgegenwärtigen Feinde zu schützen.

Als Erbe des Nominalismus sagt Hobbes auch: »Aber was auch immer das Objekt des Triebes oder Verlangens eines Menschen ist, dieses Objekt nimmt er für seinen Teil gut.«[9] Diese Formel wird bald in ihr Gegenteil verkehrt: Das Begehren und der Wille jedes einzelnen bestimmen über sein Wohl, jedes Individuum ist der souveräne Richter seines eigenen Glücks.

»In gewisser Weise«, erläutert Charles Taylor, »scheint die Rede von einem allgemeinen, natürlichen Recht auf Leben keine besonders große Neuerung darzustellen. [...] Früher hatte man gesagt, daß es ein natürliches Gesetz gegen die Tötung unschuldigen Lebens gebe. Beide Formulierungen scheinen dasselbe zu verbieten. Der Unterschied liegt aber nicht in dem, was verboten wird, sondern in der Stellung des Subjekts. Das Gesetz ist das, was ich befolgen muß. Es kann mir manchen Nutzen verschaffen – in diesem Fall den Schutz, daß auch mein Leben geachtet werden muß –, doch im Grunde bin ich dem Gesetz unterworfen. Ein subjektives Recht dagegen ist etwas, wonach derjenige, dem es zukommt, handeln kann und sollte, um es durchzusetzen.«[10]

Zunächst sind Rechte vor allem Freiheitsrechte; die Gleichheit ist nur die Vorbedingung für ihre Durchsetzung. Diese Vorrangigkeit der Freiheit ist einleuchtend. Freiheit als Ausdruck eines reinen Seins als solches und Verkörperung der Einmaligkeit des Individuums bezeichnet die Natur des Menschen unabhängig von jeder gesellschaftlichen Bindung. Gleichheit ist gewiß ein Korrelat der so definierten Freiheit (wenn jeder Mensch das Verlangen hat, frei und ungebunden er selbst zu sein, sind sich alle in diesem Verlangen gleich). Anders als die Freiheit erfordert sie jedoch ein Minimum an Gesellschaft, um einen Sinn zu bekommen. In vieler Hinsicht erfüllt sie, wie der Essayist André Clair behauptet, »die Funktion eines Elements der Bestimmung und Umsetzung von Freiheit; durch diese Bestimmung bildet sich der gesellschaftliche Verbund«.[11]

Wenn man annimmt, daß die Existenz der Menschen ihrer Koexistenz vorausging, muß man den Übergang von einer einfachen Vielheit der Individuen zur Gesellschaft erklären. Die traditionelle Antwort ist entweder der Vertrag oder der Markt. Anders als der biblische Bund, den Gott mit den Menschen schließt, ist der Gesellschaftsvertrag ein Pakt zwischen Gleichen. Er ist das Ergebnis einer Kosten-Nutzen-Rechnung nach dem Vorbild des Marktes. Laut Locke verfolgt jeder politische Zusammenschluß ein wirtschaftliches Ziel: »Das große und beträchtliche Ziel, weshalb Menschen sich zu einem Staatswesen zusammenschließen und sich unter seine Regierung stellen, ist die Erhaltung ihres Eigentums.«[12] Die Rechte, die dem Menschen von Natur aus zustehen, sind nach dem Modell des Eigentumsrechts konzipiert. So leuchtet ein, wie die Rechtslehre im 17. und 18. Jahrhundert zum bevorzugten Mittel der Bourgeoisie wurde, eine politische Rolle zu erlangen, die ihrem wirtschaftlichen Gewicht entsprach.

Damit verliert die Politik ihren Status als Ursache, um zur bloßen Wirkung zu werden. Wenn das Soziale lediglich die Folge eines Vertrags zwischen Individuen ist, hat Macht nicht länger eine gestaltende Funktion. Als Nebenprodukt der Gesellschaft wird sie statt dessen zu deren bedrohlichem Überbau. (Dieser Begriff des Überbaus findet sich bei allen liberalen Autoren und wird von Marx aufgegriffen.) Gleichzeitig wird der politische Verbund auf der Grundlage einer neuen Rechtsnorm subjektiver Individualrechte völlig umdefiniert. Die Zivilgesellschaft deckt sich mit der Privatsphäre, das heißt mit jenem Teil der Gesellschaft, der dem politischen Leben entzogen ist und innerhalb dessen die Individuen angeblich frei handeln können. »Die philosophische Errungenschaft des neuzeitlichen Naturrechts« besteht Marcel Gauchet zufolge in der »Umdefinition des Politischen gemäß der Logik des Subjekts, und zwar auf zweierlei Weise, zum einen hinsichtlich des politischen Elementarteilchens, des Bürgers, der als individuelles Rechtssubjekt angesehen wird, zum anderen hinsichtlich des politischen Ganzen, der politischen Gemeinschaft, die als kollektives politisches Subjekt betrachtet wird.«[13]

Somit hat sich in dreifacher Hinsicht eine Revolution vollzogen. Erstens ist der Begriff des Willens an die Stelle der Ordnung getreten. Zweitens ist das Individuum in den Mittelpunkt getreten und das Recht zu seinem Attribut geworden. Und drittens wird Recht mit »Gerechtigkeit« gleichgesetzt, die indes eine eigentlich moralische Färbung angenommen hat. Hobbes und seine Nachfolger sehen das Leben in der Gesellschaft im Hinblick auf den Nutzen, den jeder einzelne dem anderen erbringt, in einer Welt, in der die Natur als einheitliches Ganzes weder einen eigenen Wert noch eine Bedeutung oder Bestimmung hat. Das Recht ist eine individuelle, dem Subjekt innewohnende Eigenschaft, eine moralische Kompetenz, die Handlungen genehmigt und Forderungen rechtfertigt. Die Vernunft wird grundsätzlich als bloße Rechenfähigkeit verstanden. Gegenstand der Rechtsprechung ist nicht mehr die gerechte Lösung (das griechische *díkaion*, das römische *id quod bonum est*), sondern eine Sammlung von Normen und gebilligten Verhaltensweisen. Der Staat und sogar das Gesetz sind nichts weiter als Mittel, um Individualrechte zu garantieren und den Zwecken der Unterzeichner des Gesellschaftsvertrags zu dienen.

»Nur durch einen Putsch«, so André Clair, »der ebenso verstohlen wie gewaltig war, konnte sich zu Beginn der Neuzeit jener Wandel des Rechtsbegriffs vollziehen, der diesen Begriff auf den Menschen anwendbar werden ließ. Plötzlich verstand man das Recht als eine Eigenschaft, die ihrem Wesen nach in jedem Menschen vorhanden ist. Statt als System der Verteilung und Zuweisung von Anteilen unter den Mitgliedern einer Gesellschaft (so daß es vorrangig als Verteilungsgerechtigkeit verstanden wurde) wird das Recht in einer totalen Bedeutungsverkehrung als die von jedem einzelnen in Kraft zu setzende Befugnis begriffen, sich gegenüber jedem anderen Individuum unumschränkt zu behaupten. Jede Philosophie der Menschenrechte ist demnach eine Philosophie der Subjektivität – einer Subjektivität gewiß, die universelles Ansehen genießt, die aber vor allem als individuell und einzigartig anerkannt wird.«[14]

Ob die Menschenrechte rechtens sind oder nicht – sie haben nichts mehr mit dem zu tun, was man unter »Recht« verstand, als dieser Begriff aufkam. Das klassische ist durch ein neuzeitliches Naturrecht ersetzt worden, das auf radikal anderen theoretischen Voraussetzungen basiert und dem außer der offensichtlichen Oberflächlichkeit und Unzulänglichkeit des Rechtspositivismus nichts mehr entgegengesetzt wird.

Eigentlich sind die Menschenrechte – das zeigt schon ihre theologische Verwurzelung – von der Moral verseuchtes Recht. Von einer Moral allerdings, die insofern nichts mehr mit jener der Antike gemein hat, als sie nicht mehr das richtige Sein, sondern das gerechte Handeln beschreibt. Das Gerechte geht dem Guten voraus und über es hinweg, und die Moral schert sich nicht mehr um das an sich Wertvolle, das unsere Bewunderung und Liebe verdient. Statt dessen tritt sie nur noch für das ein, was sich unter dem Gesichtspunkt der Vernunft rechtfertigen läßt.

Eine solche Moral leitet sich von dem biblischen Gedanken der »Gerechtigkeit« ab. Sie vertritt eine gewisse Vorstellung von »Gerechtigkeit«, die, obwohl sie ihrer Definition nach dem Reich der Zwecke angehört, nicht das spezifische Ziel einer bestimmten politischen Betätigung sein kann. Bezüglich des Begriffs »neuzeitliches Naturrecht« gab bereits der politische Philosoph Bertrand de Jouvenel zu bedenken: »Der Schlüsselbegriff, den dieses Konstrukt unterschlägt, ist der der Moral, und auf dieses fehlende Substantiv bezieht sich das Adjektiv ›naturel‹.

Wenn von Naturrecht die Rede ist, bedeutet das in erster Linie, daß die Grundlage des positiven Rechts in der Moral zu finden ist.«[15] Die Menschenrechte bilden die juristische Verkleidung einer moralischen Forderung nach »Gerechtigkeit«; sie stellen eine juristische Methode dar, diese Moral zu fassen und auszudrücken. Insofern ist Arnold Gehlen darin zuzustimmen, daß die Verbreitung der Menschenrechtsrhetorik einer »Tyrannei der moralischen Hypertrophie« gleichkommt.[16]

Den Hintergrund dieser Rhetorik bildet der Traum von einer vereinigten Menschheit, die sich denselben Normen unterwirft und nach demselben Gesetz lebt. Die Ideologie der Menschenrechte setzt die vereinigte Menschheit zugleich als Fakt und als Ideal, als Sein und als Sollen, mit anderen Worten als eine Art bedingter Wirklichkeit, die sich als richtig und selbstverständlich erweisen wird, sobald sie einmal wahr geworden ist. Die einzigen Unterschiede, die eine solche Sichtweise zugesteht, sind die »Unterschiede innerhalb des Selben« (Marcel Gauchet). Alle anderen Unterschiede werden verneint oder verleugnet, weil sie zum Zweifel am Selben verleiten. Der Schlüsselgedanke ist, daß die Menschen überall dieselben Rechte besitzen, weil sie im Grunde dieselben Menschen sind. Letzten Endes zielt die Ideologie der Menschenrechte darauf ab, die gesamte Menschheit einem bestimmten Moralgesetz zu unterwerfen, das auf der Ideologie des Selben beruht.

*

## Exkurs: Die katholische Kirche und die Menschenrechte

Auf die theologischen Wurzeln der Menschenrechtsideologie ist häufig hingewiesen worden. Lange jedoch »erschien die Bekräftigung von Rechten, die selbst auf den christlichen Grundsätzen beruhten, wie eine Revolution in der christlichen Tradition«, wie der französische Philosoph Jacques Maritain sagt.[17] Der Grund dafür ist wohlbekannt. Aus historischer Sicht liegt er in der aggressiv rationalistischen Formulierung dieser Rechte, in dem Klima des Antiklerikalismus, das ihre Ausrufung begleitete, sowie in den Verfolgungen der Revolution. Dazu kommt aus lehreärer Sicht die Kritik der katholischen Kirche, die

die in der völligen Subjektivierung der Rechte implizite Auslöschung jeder transzendentalen Dimension nicht hinnehmen konnte, da dem Menschen damit tendenziell gewisse göttliche Vorrechte zugesprochen wurden. Genausowenig paßte ihr, daß diese Subjektivierung endlosen Ansprüchen den Weg ebnete, die in Relativismus münden, weil ihnen keinerlei Meßlatte zugrunde liegt.[18]

Am 23. April 1791 verurteilte Papst Pius VI. ausdrücklich die Erklärung der Rechte von 1789, deren Artikel sich »im Widerspruch zu Religion und Gesellschaft« befänden. Diese Verurteilung hatte ein Jahrhundert lang Bestand. Paul VI. wiederum vertrat eine genau gegenteilige Auffassung: »Von den Menschenrechten zu sprechen heißt, für das Gemeinwohl der Menschheit zu sprechen.« 1974 verdeutlichte er in einer Ansprache vor der Generalversammlung der Vereinten Nationen: »Der Heilige Stuhl schenkt dem in der Allgemeinen Erklärung der Menschenrechte ausgedrückten Ideal sowie der darin angelegten fortschreitenden Vertiefung der Menschenrechte seine volle moralische Unterstützung.« Johannes Paul II. schließlich verkündete 1979: »Die Allgemeine Erklärung der Menschenrechte ist ein Meilenstein auf dem langen und schweren Weg des Menschengeschlechts.«[19]

Traditionalistische Kreise innerhalb der katholischen Kirche verstehen diese Wende als ein Zeichen unter vielen für die »Aussöhnung« der Kirche mit »dem Gedankengut der Moderne«.[20] An dieser Sichtweise mag etwas Wahres sein, jedoch ist die Wirklichkeit ein wenig komplexer. Indem sie sich hinter die Menschenrechte stellt, will die Kirche vor allem die Rolle anerkennen (und anerkannt wissen), die sie selbst in deren Entstehungsgeschichte spielte. Damit billigt sie keineswegs jene Aspekte der heutigen Formulierung, die in ihren Augen anfechtbar bleiben. Anders ausgedrückt, die grundsätzliche Zustimmung, die die Kirche der Menschenrechtsdoktrin nunmehr gewährt, verweist auf die christliche Version dieser Rechte zurück. Der Rechtsphilosoph François Vallançon schreibt dazu: »Die Kirche ist so sehr für die Menschenrechte, wie sie gegen sie ist. Sie befürwortet die Menschenrechte, wenn sie gut und gerecht ausgelegt werden. Sie lehnt sie ab, wenn sie schlecht und ungerecht ausgelegt werden.«[21]

1 De oratore, I, 42, 188. Philipp Reclam Jun., Stuttgart 1976, S. 149.
2 Le Monde, Paris, 8. Juni 1993, S. 2.
3 Philosophie du droit, Band 1: Définitions et fins du droit. 3. Auflage, Dalloz, Paris 1982, S. 131.
4 »Droits de l'homme, une généalogique complexe«, in: Projet, Paris, September/Oktober 1988, S. 53.
5 »L'empire de la morale«, in: Commentaire, Paris, Herbst 2001, S. 503.
6 La formation de la pensée juridique moderne. Montchrétien, Paris 1975, S. 663.
7 Leviathan oder Stoff, Form und Gewalt eines kirchlichen und bürgerlichen Staats. Suhrkamp, Frankfurt/M. 1989, S. 99.
8 Vom Menschen, vom Bürger. Meiner, Hamburg 1966, S. 81.
9 Leviathan, a. a. O., S. 41.
10 Quellen des Selbst. Die Entstehung der neuzeitlichen Identität. Suhrkamp, Frankfurt/M. 1994, S. 29–30.
11 Droit, communauté et humanité. Cerf, Paris 2000, S. 62.
12 Zwei Abhandlungen über die Regierung. Suhrkamp, Frankfurt/M. 1967, S. 283.
13 »Les tâches de la philosophie politique«, in: La Revue du MAUSS, Paris, 1. Halbjahr 2002, S. 282.
14 A. a. O., S. 63–64.
15 »L'idée du droit naturel«, in: Le droit naturel. PUF, Paris 1959, S. 162.
16 Moral und Hypermoral. Eine pluralistische Ethik. Athenäum, Frankfurt/M. 1969, Kapitel 10 und 11. Eine ähnliche Argumentation, die sich auf die Kritik des moralischen Universalismus gründet, findet sich bei Hans Magnus Enzensberger (Civil Wars. From L.A. to Bosnia. New Press, New York 1994).
17 Les droits de l'homme. Desclée de Brouwer, Paris 1989, S. 81–82.
18 Vgl. Louis de Vaucelles, »Les droits de l'homme, pierre d'achoppement«, in: Projet, Paris, September/Oktober 1988, S. 115–128.
19 Vgl. René Coste, L'Eglise et les droits de l'homme. Desclée, Paris 1982; Michel Simoulin, »L'Eglise et les droits de l'homme«, in: Les droits de l'homme, Sonderausgabe von Vu de haut, Fideliter, Escurolles 1988; Giorgio Filibeck, Les droits de l'homme dans l'enseignement de l'Eglise, de Jean XXIII à Jean-Paul II. Libreria Editrice Vaticana, Vatikanstadt 1992.
20 Vgl. vor allem Jean Madiran, Les droits de l'homme – DHSD. Éditions de Présent, Maule 1989; L'envers des droits de l'homme. Renaissance catholique, Issy-les-Moulineaux 1993.
21 »Les droits de l'homme: analyse et critique«, in: La Nef, Montfort L'Amaury, Februar 1999, S. 26.

# Auf der Suche nach einem Fundament

Nachdem die Unesco 1947 beschlossen hatte, eine neue universelle Erklärung der Menschenrechte aufzusetzen – dieselbe Allgemeine Erklärung der Menschenrechte, die am 10. Dezember 1948 von der Generalversammlung der Vereinten Nationen feierlich verkündet werden sollte –, leiteten die Verantwortlichen eine umfangreiche Untersuchung ein. Vor allem auf Betreiben Eleanor Roosevelts wurde ein internationales Komitee gebildet, um die Meinung einer Anzahl »moralischer Autoritäten« einzuholen. Etwa 150 Intellektuelle aus aller Welt befaßten sich mit der Frage, auf welcher philosophischen Grundlage die neue Menschenrechtserklärung stehen sollte. Der Versuch scheiterte, und seine Initiatoren mußten sich schließlich damit begnügen, unvereinbare Widersprüche zwischen den eingegangenen Antworten festzustellen. Da sich keinerlei Übereinstimmung erzielen ließ, entschied die Menschenrechtskommission der Vereinten Nationen, die Ergebnisse dieser Umfrage nicht zu veröffentlichen.

In seiner Antwort hatte Jacques Maritain schon deutlich werden lassen, daß er sich keine Hoffnungen machte: Bezüglich der Menschenrechte sei »eine praktische Einigung möglich, [aber] eine theoretische Übereinkunft zwischen den Gesinnungen ist unmöglich«. Daß man schwerlich über Menschenrechte reden kann, ohne eine klare Vorstellung von dem Menschen zu haben, der Träger dieser Rechte sein soll, ist offensichtlich. In dieser Frage jedoch ließ sich nie irgendein Konsens erreichen. So wurde beschlossen, auf eine Rechtfertigung dessen, was man rechtskräftig machen wollte, zu verzichten. Die Verfasser schnitten den Wortlaut der Menschenrechtserklärung auf eine konsensuelle Vision zu, die an der Wirklichkeit vorbeiging. »Die Erklärung«, so der Philosoph François Flahaut, »mußte von allen unter der Bedingung akzeptiert werden, daß niemand nachfragte, worauf sie sich gründete. Das wiederum verlieh ihr um so mehr Autorität«.[1]

Der Jurist und Diplomat René Cassin (1887–1976) pflegte zu behaupten, die Menschenrechte würden auf einem »Akt des Glaubens an eine Verbesserung der Zukunft und des Menschengeschicks« beruhen. Ein derartiger »Glaubensakt« wäre demnach durch seine Zwecke gerechtfertigt. »Diese Zwecke«, sagt der Politikwissenschaftler Julien Freund, »setzen wir als Normen, das heißt, wir behaupten dogmatisch, sie seien verbindlich und erstrebenswert; sie haben keineswegs den apodiktischen Charakter einer wissenschaftlichen Behauptung.«[2] Daraus folgt, daß das Menschenbild, von dem die Menschenrechtslehre ausgeht, nicht auf Wissen, sondern auf Überzeugung beruht. Aus diesem einfachen Grund können sie genauso wie jede andere Religion auch höchstens eine Gültigkeit auf freiwilliger Basis beanspruchen – jedes Glaubensbekenntnis ist nur in genau dem Maße gültig, wie man an es glaubt. Das bedeutet, sie setzen sich nur so weit durch, wie man es zuläßt. Sie haben keine Gültigkeit außer der, die man ihnen aus eigener Entscheidung zugesteht. »Keine kohärente Auseinandersetzung mit den Menschenrechten«, so Julien Freund, »kommt an folgender Grundvoraussetzung vorbei: Sie sind nicht auf wissenschaftlichem, sondern auf dogmatischem Weg aufgestellt worden.«[3] »Die Menschenrechte«, ergänzt François De Smet, »können ihrer Einordnung als Ideologie nicht entgehen. Als solche sind sie der Kritik ausgesetzt.«[4] Schon die Definition des Menschen, auf die sich die Lehre seiner Rechte beruft, ist weniger offensichtlich, als man meint. Zum Beweis sei die Verzögerung angeführt, mit der die »Menschenrechte« auf diverse Kategorien der menschlichen Erdbevölkerung – nicht zuletzt auf Frauen – ausgedehnt wurden.[5] Um dies zu versinnbildlichen, mag der Hinweis genügen, daß die beiden westlichen Staaten, die am längsten an der Institution der Sklaverei festhielten – Frankreich und die USA –, zugleich diejenigen waren, die als erste die Menschenrechte proklamierten. Gleich mehrere Verfasser der amerikanischen Unabhängigkeitserklärung von 1776 waren selbst Sklavenhalter.

Was die Definition der Rechte angeht, herrscht genausowenig theoretischer oder philosophischer Konsens.

»Der Kernbegriff der Grundrechte ist von einer Art Flaum umgeben«, gibt der Jurist Jean Rivero zu.[6] Was will man mit dem Begriff »Menschenrecht« aussagen: daß dieses Recht ein Selbstzweck, ein Mittel zum Zweck oder ein Absolutum ist? Daß es von solch ausschlaggebender Bedeutung ist, daß seine Durchsetzung alle anderen Erwägungen verdrängt, oder daß es lediglich zu den unentbehrlichen Dingen des Lebens gehört? Daß es eine Macht erteilt oder ein Privileg? Daß es zum Handeln befugt oder Unantastbarkeit zusichert? So viele Fragen wie Antworten.

Die Kritiker der Grundrechtslehre haben oftmals auf deren unscharfen und zugleich widersprüchlichen Charakter hingewiesen. Der französische Philosoph und Historiker Hippolyte Taine (1828–1893) zum Beispiel kommentierte die Erklärung der Menschenrechte von 1789: »Die Mehrzahl der Artikel sind nichts als abstrakte Dogmen, metaphysische Definitionen, mehr oder weniger schöngeistige Axiome, will heißen mehr oder weniger erfunden, sowohl vage als auch widersprüchlich, vielfältig interpretierbar und geeignet, ihre Interpretationen in ihr Gegenteil zu verkehren, gut für eine Festrede, aber ohne jeglichen praktischen Nutzen, reiner Zierat, eine Art prunkvoller Standarte, unnütz und schwer.«[7] Ähnliche Worte findet man bei sämtlichen Autoren der Gegenrevolution.

Daß über die Reichweite und den Gehalt der Menschenrechte immer Uneinigkeit bestanden hat, läßt sich nicht bestreiten. Artikel 2 der Erklärung der Rechte von 1789 beispielsweise zählt das Recht auf »Widerstand gegen Unterdrückung« zu den naturgegebenen und unantastbaren Rechten.[8] Kant dagegen leugnet die Existenz eines derartigen Rechts und geht so weit, die Pflicht zum Gehorsam gegenüber Diktaturen hervorzuheben.[9] Er begründet dies damit, daß das Recht nicht anders als auf rechtlichem Wege in Kraft gesetzt werden kann und darf, so daß ein rechtlicher Zustand erst durch Unterwerfung unter die Gesetzgebung eines Staates möglich wird. (So verkehrt sich Naturrecht auf einmal in positives Recht.) Die Erklärung der Menschenrechte von 1789 folgt Locke, indem sie das Recht auf Eigentum für »unantastbar und heilig« erklärt. Die Menschenrechtserklärung von 1948 hütet sich, diese Formulierung aufzunehmen. Die meisten Fürsprecher des Selbstbestimmungsrechts der Völker trennen Volk und Staat, was unumgänglich ist, wenn man die Rechte von Minderheiten schützen will. Der Staatsrechtler Hans Kelsen aber lehnt diese Unterscheidung ausdrücklich ab. Daß Gesetze keine rückwirkende Kraft haben, galt 1789 als unantastbares Prinzip. Für »Verbrechen gegen die Menschlichkeit« ist dieses Prinzip inzwischen aufgehoben worden. Das Recht auf freie Meinungsäußerung ist in den USA als menschliches Grundrecht bedingungslos geschützt. In Frankreich, der anderen »Heimat der Menschenrechte«, gilt dies nicht, weil bestimmte Meinungen angeblich nicht als solche betrachtet zu werden verdienen. In den USA kann man sein eigenes Blut verkaufen, während das französische Recht jeden Kaufvertrag über ein Produkt des menschlichen Körpers für nichtig erklärt. Diese Beispiele ließen sich beliebig ergänzen.

Auch untereinander können die Menschenrechte Widersprüche aufweisen. Allgemein gesprochen kommt es häufig vor, daß die Rechte, die positive Freiheit gewährleisten, den Rechten widersprechen, die negative Freiheit gewährleisten. So kann zum Beispiel das Recht auf Eigentum dem Recht auf Arbeit im Weg stehen. Das französische Gesetz schützt seit 1975 das Recht auf Abtreibung, aber der Wortlaut der Gesetze zur Bioethik, die am 23. Juni 1994 von der Nationalversammlung angenommen wurden, verbietet Experimente am Embryo im Namen der »Achtung vor dem menschlichen Leben von Anfang an«. Geht man davon aus, daß der Em-bryo noch kein menschliches Leben ist, ist kaum einzusehen, warum Experimente an ihm verboten sein sollen. Geht man davon aus, daß er menschliches Leben ist, ist kaum einzusehen, wie sich Abtreibung rechtfertigen läßt.

Wie soll man unter diesen Bedingungen die »echten« von den »falschen« Rechten trennen? Wie läßt sich verhindern, daß die »Menschenrechte« zur bloßen Floskel werden, beliebig und bedeutungslos, die immer nur den Sinn haben, den man ihnen unter diesen oder jenen Umständen beimißt? Für den Rechtsprofessor Jean Rivero besteht »das größte Paradox in der Geschichte der Menschenrechte nach zwei Jahrhunderten zweifellos in dem Kontrast zwischen ihrer ideologischen Entwurzelung und ihrer inhaltlichen Entwicklung und Ausweitung auf ein universelles Publikum«.[10] Mit anderen Worten, je weiter die Rhetorik der Menschenrechte um sich greift, desto mehr verbreitet sich auch die Ungewißheit über ihr Wesen und ihre Grundlagen.

Diese Frage nach den Grundlagen stellt sich heute mit besonderer Dringlichkeit. Erst seit kurzem hat die Problematik der Menschenrechte, wie Marcel Gauchet sagt, »die Geschichtsbücher hinter sich gelassen, um geschichtliche Wirklichkeit zu werden«.[11] Ab dem 19. Jahrhundert war die Menschenrechtslehre unter dem Einfluß historizistischer Theorien und später revolutionärer Lehren aus der Mode gekommen. Geschichte als Bewegung, als ständigen Fortschritt zu denken führt zwangsläufig dazu, die Bedeutung des Rechts zu relativieren. Die Beschäftigung mit dem Zeitbegriff hatte eine gewisse Geringschätzung jener abstrakten Zeitlosigkeit zur Folge, die den »Naturzustand« kennzeichnet, aus dem sich die Rechte herleiteten. Daß die Rückkehr der Menschenrechtsideologie auf die politische Bühne mit dem Sturz der totalitären Regime, dem Ende revolutionärer Hoffnungen sowie der Krise sämtlicher Zukunftsvorstellungen und vor allem des Fortschrittsgedankens zusammenfällt, ist nur logisch.

Von 1970 an wurden die Menschenrechte zunächst gegen das sowjetische System ins Feld geführt. Nach dessen Untergang – durch einen bemerkenswerten Zufall war das Jahr des Berliner Mauerfalls zugleich das zweihundertjährige Jubiläum der Erklärung der Rechte von 1789 – sind sie verstärkt in allen Himmelsrichtungen benutzt worden, um besonders in der Dritten Welt alle möglichen Regime und Praktiken zu verurteilen. Daneben dienen sie als Wegweiser für neue Richtungen in der nationalen und internationalen Politik. Die

Europäische Union spricht ihnen in ihren Gründungsdokumenten einen Ehrenrang zu,[12] während man seit einigen Jahren bei Autoren wie Rawls, Habermas, Dworkin und vielen anderen einen erneuten Versuch erlebt, die politische Gemeinschaft auf ein rechtliches Fundament zu stellen. Damit stellt sich von neuem die Frage nach den Grundlagen der Menschenrechte.[13]

In ihrer kanonischen Version, bei Locke wie bei Hobbes, geht die Rechtslehre »aus einer mythischen Rationalisierung des Ursprungs hervor. Sie projiziert die Suche nach einer ursprünglichen Norm, die selbst weder zeitlich noch an eine bestimmte Zusammensetzung des politischen Ganzen gebunden ist, in die abstrakte Vergangenheit des Naturzustands, die außerhalb der Geschichte liegt.«[14] Diese Methode kann man als kognitiv-deskriptiv bezeichnen. So gesehen sind Grundrechte das, was alle Menschen aus dem einfachen Grund »besitzen«, daß sie Menschen sind. Die unantastbaren Rechte des »Naturzustands« gehören zu den Eigenschaften, die das Wesen des Individuums ausmachen. So lautet die klassische Herleitung über die menschliche Natur.

Diese Herleitung taucht in aller Deutlichkeit in den wichtigen Gründungstexten auf. Die amerikanische Unabhängigkeitserklärung erklärt, daß alle Menschen »gleich geschaffen« sind, daß sie von ihrem Schöpfer mit gewissen unveräußerlichen Rechten ausgestattet (»endowed«) worden sind. In Artikel 1 der Allgemeinen Erklärung der Menschenrechte von 1948 heißt es: »Alle Menschen sind frei und gleich an Würde und Rechten geboren. Sie sind mit Vernunft und Gewissen begabt und sollen einander im Geiste der Brüderlichkeit begegnen.« Ihre Rechte sind deshalb unveräußerlich und unantastbar, weil sie naturgegeben und angeboren sind.

Viele Vertreter der Menschenrechtsideologie folgen nach wie vor dieser Beweisführung. Francis Fukuyama zum Beispiel behauptet, daß »jede ernsthafte Diskussion über die Menschenrechte sich in letzter Instanz auf eine Vision der Zwecke oder Ziele der menschlichen Existenz gründen muß, die sich ihrerseits fast immer auf eine Vorstellung von der menschlichen Natur gründen muß«.[15] Seiner Meinung nach kann »nur die Existenz einer einzigen menschlichen Natur, die von allen Weltbewohnern geteilt wird, zumindest in der Theorie ein gemeinsames Terrain bieten, auf dem sich die universellen Menschenrechte begründen lassen«.[16] Daher befürwortet er einen Rückgriff auf die Sprache der Rechte (rights talk), die »am weitesten verbreitet und am einfachsten zu verstehen« sei. Weiter sagt er, die Rhetorik der Rechte sei allgemein verständlich, weil alle Menschen dieselben Präferenzen teilen, was wiederum zeige, daß sie sich »letztendlich nicht grundsätzlich voneinander unterscheiden«.[17] Diese Schlußfolgerung Lockescher Prägung findet man auch bei Konservativen wie Tibor R. Machan[18], Eric Mack, Douglas Rasmussen oder Douglas J. Den Uyl. Die Weltsicht, in die sie sich einbettet, ist zudem von Ayn Rands libertärem Objektivismus beeinflußt.

Dieser Ansatz stößt jedoch auf ungeheure Schwierigkeiten, angefangen bei der Tatsache, daß keinerlei Konsens über die »menschliche Natur« besteht. Schon der Begriff »Natur« ist im Laufe der Geschichte äußerst widersprüchlich verstanden worden. Für die Antike ordnet die Natur den einzelnen dem Gemeinwohl unter. Für die Neuzeit legitimiert sie sein Recht, einen beliebigen Zweck zu verfolgen, so daß die Menschen außer diesem Recht nichts gemeinsam haben. Und selbst wenn man die Existenz einer menschlichen Natur bewiesen hat, ist damit noch nicht erwiesen, daß aus dieser Natur »Rechte« in dem Sinne folgen, den die Menschenrechtsdoktrin diesem Begriff verleiht.

Schon Hegel hatte darauf hingewiesen, daß die »Natur« kaum ein geeigneter Ausgangspunkt ist, um auf Gleichheit zwischen den Menschen zu schließen: »Was zunächst die Gleichheit betrifft, so enthält der geläufige Satz, daß alle Menschen von Natur gleich sind, den Mißverstand, das Natürliche mit dem Begriffe zu verwechseln; es muß gesagt werden, daß von Natur die Menschen vielmehr nur ungleich sind.«[19] In den Naturwissenschaften ist dies nie bestritten worden. Die Erforschung der biologischen Natur des Menschen, die in den letzten Jahrzehnten enorme Fortschritte gemacht hat, zeigt, daß die »Natur« alles andere als egalitär ist. Vor allem zeigt sie, daß das Individuum keineswegs die Grundlage der kollektiven Existenz bildet. Eher schon verhält es sich umgekehrt: Für Darwin wie für Aristoteles ist der

Mensch von Natur aus zunächst ein soziales Wesen. In einem Artikel, der großes Aufsehen erregt hat, schreibt Robin Fox, man könne aus den Erkenntnissen über die biologische Natur des Menschen sogar Schlüsse ziehen, die der Menschenrechtslehre direkt widersprechen, zum Beispiel eine Legitimation für Mord, Rache, Vetternwirtschaft, arrangierte Ehen, Vergewaltigung: »In den ›Naturgesetzen‹ steht kein Wort darüber, daß eine Gruppe genetisch miteinander verwandter Individuen nicht das Recht hat, die erfolgreiche Vermehrung ihrer Mitglieder mit allen Mitteln sicherzustellen«.[20] Fox schließt daraus, daß die »Naturrechte«, von denen die Menschenrechtslehre ausgeht, entweder dem widersprechen, was sich tatsächlich in der Natur beobachten läßt, oder daß sie Fragen betreffen, zu denen die Natur sich strenggenommen nicht äußert. Eine ähnliche Auffassung vertritt auch Paul Ehrlich.[21] Baudelaire kam zu einem radikaleren Schluß: »Das einzige, was wir aus der Natur lernen können, ist das Verbrechen.«

Eine weitere Schwierigkeit liegt in der Frage, wieviel sich aus einer faktischen Bestandsaufnahme schließen läßt. Die liberale angelsächsische Tradition hält mit Autoren wie David Hume, G. E. Moore und Richard M. Hare daran fest, daß man nicht vom Sein auf das Sollen schließen kann: Der Irrtum des »Naturalismus« (naturalistic fallacy) bestehe darin zu glauben, daß die Natur eine philosophische Rechtfertigung der Moral oder des Rechts bieten kann. Aus Gründen, die hier nicht erläutert werden sollen, ist diese Behauptung höchst problematisch. Innerhalb des liberalen Weltbilds jedoch stellt sie einen Widerspruch zu der Vorstellung dar, die Grundlage der Menschenrechte sei in der menschlichen Natur zu suchen. Selbst wenn man tatsächlich davon ausgeht, daß der Mensch im »Naturzustand« je die Merkmale gehabt hat, die die Menschenrechtslehre ihm zuschreibt, ist nicht ersichtlich, wie das bloße Vorhandensein von naturgegebenen »Rechten« die Notwendigkeit begründen könnte, diese zu bewahren, wenn man nicht vom Sein auf das Sollen, von einer indikativen Feststellung auf eine imperative Verordnung schließen kann. Genau dieses Argument machte der englische Jurist und Sozialreformer Jeremy Bentham (1748–1832) gegen die Menschenrechte geltend: In Anbetracht der Unterscheidung zwischen dem, was ist, und dem, was recht ist, ließen sich aus der menschlichen Natur – selbst wenn sie so ist, wie die Befürworter der Menschenrechte sie sehen – keine Vorschriften ableiten. Dieselbe Argumentation findet man aus anderer Sicht bei Hans Kelsen ebenso wie bei Karl Popper.[22] Zuletzt hat Ernest van den Haag sie aufgegriffen.[23]

Die Vorstellung, daß ein »Naturzustand« jeder Form des sozialen Lebens vorausgehe, wird ebenfalls immer unglaubwürdiger. Manche Fürsprecher der Menschenrechte geben das auch offen zu. Jürgen Habermas zum Beispiel sagt freimütig, der Begriff der Menschenrechte müsse »vom metaphysischen Ballast der Annahme eines vor aller Vergesellschaftung gegebenen Individuums, das mit angeborenen Rechten gleichsam auf die Welt kommt, befreit werden«.[24] Heute neigt man dazu, das isolierte Individuum als notwendige Hypothese oder als nützliche Fiktion zu betrachten. Schon Rousseau beschwor einen Naturzustand, »der vielleicht gar nicht existiert hat« (*Abhandlung über den Ursprung und die Grundlagen der Ungleichheit unter den Menschen*). Dennoch sei es »notwendig, sich ein richtiges Bild von ihm zu machen«. Als »notwendige Fiktion« erlaube der Naturzustand, sich den Menschen vorzustellen, bevor er irgendeiner Form der Herrschaft unterworfen wurde, das heißt vor jeder sozialen Beziehung. Daraus läßt sich schließen, daß die Menschen im Naturzustand »frei und gleich« wären. Das ist offenkundig reine Spekulation. »Formulierungen wie ›die Menschen sind frei und gleich im Zustand des Rechts geboren‹ halten selbstverständlich keiner Analyse stand: ›frei geboren‹ im eigentlichen Sinn bedeutet gar nichts«, so Raymond Aron.[25]

Die Menschenrechte, wie sie heute in aller Munde geführt werden, sind sehr viel problematischer als der Begriff, der sich in der Aufklärung herausbildete. »Wenn es eine Rückkehr des Rechts gibt«, beobachtet Marcel Gauchet, »dann ist es die Rückkehr eines Rechts ohne Natur. Wir haben es mit dem Inhalt des subjektiven Rechts ohne jenen Halt zu tun, der seine Ausarbeitung gestattete.«[26] Wenn die menschliche Natur eine andere ist als die, die man im 18. Jahrhundert zu kennen glaubte – worauf soll man dann die Lehre der natürlichen Rechte begründen? Wenn die Entstehung der Gesellschaft nicht mehr einem Ausgang aus dem »Naturzustand« entspricht – wie soll man sie in einer Weise darstellen, die sich mit der Rechtslehre vereinbaren läßt, mit einer Lehre also, in deren Mittelpunkt das Individuum steht?

Autoren wie James Watson sind der Meinung, man solle sich besser mit den »Bedürfnissen« oder dem »Interesse« des Menschen befassen statt mit seinen »Rechten«. Dieser Versuch, die moralische Herangehensweise durch eine utilitaristische oder konsequentialistische zu ersetzen, scheitert jedoch daran, daß sich kein Konsens über den Wert unterschiedlicher »Interessen« oder die Rangfolge der »Bedürfnisse« herstellen läßt. Beide Begriffe sind hochgradig subjektiv und konfliktträchtig. Zudem sind Interessen im Gegensatz zu Werten und Rechten immer verhandelbar (das Recht auf Freiheit beschränkt sich nicht auf das Interesse, das ein Individuum daran haben kann, frei zu sein). Letztlich taugt der Utilitarismus nicht als Grundlage der Menschenrechte, weil er prinzipiell davon ausgeht, daß es immer legitim ist, das Leben bestimmter Menschen zu opfern, wenn dieses Opfer dem »größten Glück der größten Zahl« dient.[27]

Eine weniger ehrgeizige Alternative bietet die kantische Philosophie, deren Moralbegriff auf der Unabhängigkeit des Willens aufbaut. Eine echte moralische Entscheidung, so behauptet Kant, erfordert Willensfreiheit, das heißt ein freies Wollen, das sich selbstbestimmt von jeder naturgegebenen Kausalität entbindet. Indem er jede Handlung als gerecht bezeichnet, die geeignet ist, »die Freiheit des Handelnden mit jedes anderen Freiheit nach einem allgemeinen Gesetz zusammen bestehen« zu lassen,[28] erhebt Kant die Freiheit zum einzigen »jedem Menschen kraft seiner Menschheit zustehende[n] Recht«.[29] Aus dieser Sicht drücken die Menschenrechte das Recht in seiner reinsten Form aus, aber sie berufen sich nicht länger auf die menschliche Natur, sondern auf die Würde des Menschen. Die Menschenwürde zu achten heißt, die Achtung vor dem Moralgesetz zu achten, das der Mensch in sich trägt. »Die Menschheit selbst ist eine Würde«, heißt es bei Kant, »denn der Mensch kann von keinem Menschen (weder von anderen noch so gar von sich selbst) bloß als Mittel, sondern muß jederzeit zugleich als Zweck gebraucht werden, und darin besteht eben seine Würde (die Persönlichkeit), dadurch er sich über alle anderen Weltwesen, die nicht Menschen sind und doch gebraucht werden können, mithin über alle Sachen erhebt.«[30]

Im Vergleich zu früheren Theoretikern der Menschenrechte bedeutet dies einen radikalen Perspektivenwechsel. »Ursprünglich«, erinnert Pierre Manent, »sind die Menschenrechte die natürlichen Rechte des Menschen, die in seine elementare Natur eingeschrieben sind. [...] Die Menschenwürde dagegen entsteht laut Kant durch eine radikale oder wesentliche Distanzierung gegenüber den Bedürfnissen und Begehrlichkeiten seiner Natur«.[31] Kants Morallehre ist eine deontologische, das heißt, sie ist von keinem ausgeprägten Vorverständnis bezüglich der menschlichen Natur oder der sich aus dieser Natur ergebenden menschlichen Bestimmung abhängig. Auch die Vernunft wird bei ihm nicht substantiell, sondern rein prozedural definiert. Die Fähigkeit zur Vernunft zeigt sich in der Weise, wie ein Mensch Überlegungen anstellt und zu Ergebnissen kommt, und nicht darin, daß das Ergebnis seiner Überlegungen im Sinne der Übereinstimmung mit einer äußerlichen Vorgabe exakt ist. Das Moralgesetz, das einzig dem freien Willen des Menschen entspringt, ist ein Gradmesser seiner Vernünftigkeit. Dies ist eine Verlängerung der cartesianischen Lehre des »klaren und deutlichen Denkens«, die sich ihrerseits von dem augustinischen Begriff der Innerlichkeit ableitet. Für Kant besteht die entscheidende Leistung der Vernunft in der Verallgemeinerung.

Somit werden die Menschenrechte nicht nur nicht mehr aus der menschlichen Natur abgeleitet, sondern sie widersprechen ihr in gewisser Weise sogar. Moralisch zu handeln bedeutet, aus einer Pflicht heraus zu handeln, nicht aus natürlicher Neigung. Statt daß die Moral sich von außen aufzwingt, schreibt die Vernunft selbst sie vor. Statt daß die natürliche Ordnung unsere Bestimmung und unsere normativen Ziele festsetzt, sind wir fortan gehalten, aus uns selbst heraus das Moralgesetz zu erzeugen. Aus diesem Grund empfiehlt Kant, der Richtschnur des vernünftigen Denkens zu folgen, statt die Natur als Maß der Dinge zu nehmen. Freiheit ist bei Kant keine Neigung oder

Eigenschaft der menschlichen Natur, sondern die Substanz des menschlichen Willens – eine losgelöste, von jeder Kontingenz entkoppelte Kraft, die es ermöglicht, sich jeder Form des Determinismus zu entziehen, und deren einziges Kriterium die Zugehörigkeit zum moralischen Universum des abstrakten Humanismus ist. Dieser Gedanke ist nicht allzuweit von der calvinistischen Lehre entfernt: Der Mensch ist von Natur aus sündig, und moralisches Verhalten bedeutet, sich von allen natürlichen Vorlieben und Verlangen zu lösen. Diese Auffassung findet sich schon bei Platon. Die Menschenrechte werden somit von der Natur abstrahiert. Menschlichkeit definiert sich als die Fähigkeit, die Natur hinter sich zu lassen, sich von jeder natürlichen Vorherbestimmung zu emanzipieren, denn jede dem Selbst auferlegte Vorherbestimmung widerspricht der Willensfreiheit.

Diese Auffassung, die von John Rawls[32] und zahlreichen anderen liberalen Autoren vertreten wird, ist offen für einen wohlbekannten Einwand: Wie kann man sicher sein, daß a priori festgelegte Prinzipien auf die empirische Realität anwendbar sind? Und wie läßt sich die Mißachtung der menschlichen Natur mit den Erkenntnissen der Naturwissenschaften vereinbaren, die immer nachdrücklicher die Realität einer solchen behaupten?[33]

Hegel wies bereits darauf hin, daß der kantische Universalismus keine konkreten Handlungsanweisungen geben kann, weil er die Sittlichkeit vernachlässigt, das heißt die Gesamtheit der moralischen Verpflichtungen gegenüber der Gemeinschaft, der man angehört: Verpflichtungen, die sich allein aus der Tatsache dieser Zugehörigkeit ergeben und hauptsächlich auf Gebräuchen und Gewohnheiten fußen. Weil der kantische Universalismus nicht in der Lage ist, Pflichten inhaltlich festzulegen und zu unterscheiden, welche Handlungen moralisch richtig sind, kann er sich nicht von einem formellen Subjektivismus lösen. Der Preis der moralischen Autonomie ist das Vakuum: Das Ideal der Emanzipation verweist auf eine Freiheit um ihrer selbst willen, auf eine Freiheit ohne Inhalt. Zugleich verweist es aber auf einen gewissen Ethnozentrismus, denn es kann keine formellen Rechte und Verfahren geben, die nicht implizit einen substantiellen Gehalt haben: »Die

Ausrufung eines Rechts ist zugleich ein Bekenntnis zu einem Wert« (Charles Taylor). Liberale Ethiken zeichnen sich dadurch aus, daß sie nach einem formellen, axiologisch neutralen Prinzip suchen, das ein universelles Kriterium darstellen könnte. Diese Neutralität ist immer eine künstliche.

Auch die Vernunft kann nicht starr auf ihren eigenen Fundamenten ruhen. Der schottisch-amerikanische Philosoph Alasdair MacIntyre, einer der Hauptvertreter des Kommunitarismus, hat gezeigt, daß sie nie neutral oder zeitlos, sondern im Gegenteil immer an einen kulturellen und historisch-sozialen Kontext gebunden ist.[34] Die kantische Vernunft meint ein universelles Gesetz erkennen zu können, das heißt eine Welt, die außerhalb ihrer selbst liegt, die sie aber immer nur aus sich selbst heraus erzeugen kann. Sie ist ihrerseits dem Wandel unterworfen und nicht von einer Vielzahl von Traditionen zu trennen.

Der Begriff der Würde ist ebenfalls nicht eindeutig. Daß die modernen Theoretiker der Menschenrechte, selbst wenn sie sich nicht explizit auf Kant berufen, viel Aufhebens von ihm machen, ist bekannt.[35] In der Erklärung der Menschen- und Bürgerrechte von 1789 kommt das Wort »Würde« nicht vor. Die Präambel der Allgemeinen Erklärung der Menschenrechte von 1948 beschwört ausdrücklich »die allen Mitgliedern der menschlichen Familie innewohnende Würde«. Offensichtlich ist diese Würde die einer abstrakten Menschlichkeit. Sie »wird immer in Verbindung mit einer eigentlichen Menschlichkeit angeführt, die von allen gesellschaftlich auferlegten Regeln oder Normen befreit ist«, wie Peter Berger schreibt.[36] Historisch hat die Würde, die allen zusteht, bekanntlich die Ehre ersetzt, die nur einige Menschen haben.

In seinem heutigen Gebrauch hat der Begriff eine gewisse religiöse Resonanz. Tatsächlich gehört die Vorstellung von einer Würde, die allen Menschen gleich gegeben ist, weder dem juridischen noch dem politischen Vokabular an, sondern dem moralischen. In der biblischen Tradition kommt der Würde eine präzise Bedeutung zu: Sie erhebt den Menschen über den Rest der Schöpfung, sie teilt ihm einen Sonderstatus zu. Sie macht den Menschen, der allein eine Seele hat, allen anderen

Lebewesen überlegen.[37] Zugleich hat sie eine egalitäre Wirkung, denn kein Mensch darf als mehr oder weniger würdig betrachtet werden als ein anderer. Das bedeutet, daß Würde nichts mit den Verdiensten oder Qualitäten zu tun hat, die einen Menschen auszeichnen, sondern ein Kennzeichen der menschlichen Natur ist. Diese Gleichheit wird mit der Existenz eines einzigen Gottes verbunden: Alle Menschen sind »Brüder«, weil sie denselben Vater haben (Maleachi 2,10), weil sie »nach Gottes Ebenbild« geschaffen worden sind (1. Mose 9,6). In der Mischna heißt es: »Der Mensch wurde nach einem einzigen Vorbild geschaffen, damit niemand zum anderen sagen kann: Mein Vater ist besser als deiner« (Sanhedrin 4,5). Das Christentum, das mehr Wert auf die Liebe als auf die Gerechtigkeit legt, greift diesen Gedanken auf: Würde heißt vor allem, daß der Mensch sich mit gutem Recht als Herrscher über alles Unbeseelte, als Mittelpunkt der Schöpfung sehen darf.

Bei Descartes entwickelt sich die Betonung der Menschenwürde aus der Aufwertung der Innerlichkeit als Quelle der Selbständigkeit, der autonomen Kraft der Vernunft. Bei den Begründern des Liberalismus gilt Würde weiterhin als Eigenschaft, aber sie ist keine Gabe Gottes an den Menschen, sondern ein Charakterzug, der von Anfang an in seiner Natur angelegt ist. Bei Kant schließlich hängt Würde unmittelbar mit der Achtung des Moralgesetzes zusammen. »Man könnte sagen«, so Pierre Manent, »daß die kantische Vorstellung eine Radikalisierung und daher eine Verwandlung der christlichen Vorstellung ist, wie sie vor allem Thomas von Aquin darlegte. Während für Thomas von Aquin die Würde des Menschen darin besteht, aus freiem Willen dem natürlichen und göttlichen Gesetz zu gehorchen, besteht sie für Kant darin, dem Gesetz zu gehorchen, das der Mensch sich selbst gibt.«[38]

Egal in welchem Sinne man Würde versteht – sie wird problematisch, sobald man sie absolut setzt. Daß ein Mensch dieser oder jener Sache »würdig« sein kann, leuchtet ohne weiteres ein. Aber was bedeutet es, »würdig« an sich zu sein? Ist Würde, wie die Menschenrechtslehre sie faßt, Anspruch oder Tatsache? Eine Gabe der Natur oder der Vernunft? Im antiken Rom war Dignitas eng an einen Vergleich gebunden, um feststellen zu können, wer aufgrund seiner Charaktereigenschaften was verdiente, wer wessen würdig war. Bei Cicero heißt es: »Dignitas est alicuius honesta et cultu et honore et verecundia digna auctoritas.«[39] Eine so verstandene Würde kann offensichtlich nicht in jedem Menschen gleichermaßen vorhanden sein.[40] Die neuzeitliche Würde dagegen ist eine Eigenschaft, die nie mehr oder weniger sein kann, weil sie alles ist. Dem würdigen Menschen steht nicht mehr der unwürdige gegenüber, und der Begriff der »Menschenwürde« wird zu einem Pleonasmus, denn was den Menschen würdig macht, ist die Tatsache, daß er ein Mensch ist – was immer das sein mag. Wenn der Mensch seiner Würde wegen geachtet werden muß und diese Würde auf seinem Recht fußt, geachtet zu werden, ist man bei einem Zirkelschluß angelangt.[41] Wenn alle Menschen würdig sind, ist es, als wäre kein Mensch würdig: Die Unterschiede zwischen den Menschen liegen anderswo.

Im Bewußtsein der Schwierigkeiten, die eine Legitimierung der Menschenrechte über die menschliche Natur bereitet, geben Kants Erben jeden kognitivistischen Ansatz zugunsten einer präskriptivistischen Herangehensweise auf.[42] Strenggenommen jedoch sind die Rechte, die sie verteidigen, keine Rechte mehr. Sie sind lediglich moralische Forderungen, »menschliche Ideale«, die nur unzureichend dem entsprechen, was man als Recht setzen muß, um einen Gesellschaftszustand zu erreichen, den man für erstrebenswert oder für besser hält. Damit verlieren sie jede zwingende Wirkung, denn Ideale als solche verleihen keinerlei Rechte.[43]

Ein anderer Weg, die Menschenrechte zu begründen, führt über die Zugehörigkeit zur menschlichen Spezies. Wie in der Bibel wird die Menschheit somit als »große Familie« dargestellt, deren Mitglieder allesamt »Brüder« sind. Die Vertreter dieser Denkweise verweisen darauf, daß alle Menschen aufgrund ihrer Zugehörigkeit zur menschlichen Spezies miteinander verwandt sind. Daraus folgern sie, daß ihnen auf der Basis dieser Verwandtschaft dieselben Rechte gebühren. André Clair etwa schlägt vor, die Menschenrechte nicht aus der Gleichheit oder der Freiheit, sondern aus dem »dritten Recht«, der Brüderlichkeit, abzuleiten. Damit ist zugleich der Vorwurf des Individualismus entschärft, dem sich die klassische Menschenrechtslehre aussetzt: »Denkt man die Brüderlichkeit im Zusammenhang mit der Vaterschaft, dann sieht man sich in eine neue Diskussion verwickelt. Die Menschenrechte sind nicht mehr wie im herkömmlichen Sinn subjektiv, sondern in einem Stammbaum oder einer Tradition verwurzelt.«[44]

Diese Denkrichtung ist interessant, aber wer sie einschlägt, stößt schon bald auf unüberwindliche Schwierigkeiten. Vor allem widerspricht sie der Lehre, der zufolge Menschenrechte grundsätzlich Individualrechte sind, die dem Individuum als solchem entspringen und nicht aufgrund seiner Geschichte, seiner Zugehörigkeit oder seiner Abstammung. Daß sich aus der Zugehörigkeit zu einer Spezies eher kollektive als Individualrechte ableiten lassen, ist offensichtlich. Zu diesem Widerspruch gesellt sich schnell ein zweiter, denn die Brüderlichkeit ist zuvorderst kein Recht, sondern eine Pflicht, die sich nur normativ in der Beziehung zu anderen ausdrückt: Daß alle Menschen Brüder sind, heißt nur, daß alle Menschen sich als solche verstehen sollen. Die ideologische Vulgata der Menschenrechte legt ausdrücklich fest, daß es um die Rechte des Menschen an sich gehen soll, das heißt um die Rechte eines Menschen, der allen Einbindungen entzogen ist. Daraus folgt, daß sie nie von der Zugehörigkeit zu einer Gruppe abhängig sein können. Die Menschheit aber stellt durchaus eine Gruppe dar. So stellt sich die Frage, warum man gerade dieser Gruppe eine moralische Stellung zuschreibt, die allen anderen verwehrt wird. Warum behauptet man, Gruppenzugehörigkeiten dürften keine Rolle spielen, um dann die Zugehörigkeit zur Menschheit als ausschlaggebend zu betrachten? Jenny Teichmann zählt zu den Autoren, die die Menschenrechte auf der Zugehörigkeit zur Menschheit begründen wollen. Sie schreibt, es sei »natürlich, daß gesellige Lebewesen die Mitglieder ihrer eigenen Spezies bevorzugen, und die Menschen bilden keine Ausnahme von dieser Regel«.[45] Warum aber soll eine solche Präferenz auf anderen Ebenen weniger legitim sein als auf der Ebene der Spezies? Offenbar ist es moralisch gerechtfertigt, aufgrund einer relativen Nähe, die aus der gemeinsamen Zugehörigkeit zu einer Gruppe oder aus der besonderen Art der damit verbundenen Beziehungen entsteht, andere

Gruppenmitglieder bevorzugt zu behandeln. Warum soll man diesen Standpunkt nicht verallgemeinern können? Gewiß läßt sich erwidern, daß die Zugehörigkeit zur Spezies vor allen anderen Vorrang hat, daß sie alle anderen umfaßt. Damit hat man aber nicht erklärt, warum sämtliche Zugehörigkeiten zugunsten einer höheren mißachtet werden sollten oder warum etwas, das auf einer Ebene wahr ist, auf einer anderen plötzlich nicht mehr zutreffen soll.

Im übrigen ist die biologische Definition des Menschen als Mitglied der menschlichen Spezies genauso konventionell oder willkürlich wie jede andere: Sie beruht einzig und allein auf dem Kriterium der Vermehrung innerhalb der Spezies. Die Entwicklung des Abtreibungsgesetzes hat jedoch zu der Anerkennung der Ansicht geführt, daß ein Embryo kein tatsächlicher, sondern nur ein potentieller Mensch ist. Der Gedanke, der diesem Schluß zugrunde liegt, ist, daß eine rein biologische Definition des Menschen nicht ausreicht. So hat man sie zu erweitern versucht, indem man vorbringt, nicht nur die Zugehörigkeit zu einer anderen Spezies, sondern auch und vor allem eine ganze Reihe von Fähigkeiten und Eigenarten unterscheide den Menschen von allen anderen Lebewesen. Dummerweise ist es unwahrscheinlich, daß irgendeine Fähigkeit oder Eigenart in allen Menschen gleichermaßen präsent ist. Definiert man zum Beispiel die Zugehörigkeit zur menschlichen Spezies über das Bewußtsein eines Selbst oder über die Fähigkeit, selbst als Rechtssubjekt aufzutreten, stellt sich sofort die Frage nach dem Status von Kindern, Minderjährigen, geistig Behinderten oder Alterskranken.

Genau diesen doppelten Widerspruch nutzen diejenigen aus, die »Tierrechte« oder gar Menschenrechte für Menschenaffen fordern. Sie kritisieren die Lehre, die nur die Menschen als Träger von Rechten anerkennt, als »speziesistisch« und halten es für moralisch nicht gerechtfertigt, Lebewesen auf der Basis ihrer Zugehörigkeit zu einer Gruppe, in diesem Fall der menschlichen Spezies, einen moralischen Sonderstatus zuzuschreiben. Andererseits behaupten sie, daß Menschenaffen insofern der »moralischen Gemeinschaft« angehören, als sie zumindest in Grundzügen über Fähigkeiten verfügen (Bewußtsein eines Selbst, Moralgefühl, primitive Sprache, kognitive Intelligenz), die gewisse »nicht dem Schema entsprechende« Menschen (geistig Behinderte, Alterskranke etc.) nicht oder nicht mehr aufweisen. Dieselben Argumente, mit denen die Anhänger der klassischen Menschenrechtslehre keine Gruppenzugehörigkeiten unterhalb der Spezies-Ebene gelten lassen, wenden Tierrechtler also gegen sie.

»Angehörigen der menschlichen Spezies einzig aufgrund dieser Angehörigkeit einen besonderen Wert oder Sonderrechte zuzusprechen«, so Elvio Baccarini, »ist eine Haltung moralischer Willkür, die sich nicht vom Sexismus, Rassismus oder Ethnozentrismus unterscheidet.«[46]

»Sind wir wirklich bereit«, fragt die italienische Philosophin Paola Cavalieri, »zu behaupten, daß die genetische Verwandtschaft, die mit der Zugehörigkeit zu derselben Rasse einhergeht, einen moralischen Sonderstatus für die anderen Angehörigen dieser Rasse rechtfertigt? Selbstverständlich nicht, und aus dieser Antwort folgt eine Ablehnung des auf dem Verwandtschaftsprinzip begründeten Humanismus.«[47] Die traditionelle Erwiderung auf solche Argumente, die den Begriff der Menschlichkeit im Namen einer biologischen Kontinuität unter den Lebewesen dekonstruieren, lautet, daß Tiere sehr wohl Rechtsobjekte sein können (wir haben ihnen gegenüber Pflichten), nicht aber Rechtssubjekte. Eine zweite Antwort besteht darin, den Gedanken der menschlichen Besonderheit zu vertiefen, eine dritte, die Argumentation ad absurdum zu führen: Warum bei den Menschenaffen haltmachen, statt Katzen, anderen Säugetieren, Insekten, Bakterien dieselben »Rechte« zuzugestehen? Tatsächlich beißt sich diese Debatte genau deshalb in den eigenen Schwanz, weil das eigentliche Problem bei den »Rechten« liegt.

In der Enzyklika *Evangelium vitae* bekräftigt Papst Johannes Paul II. seinerseits, daß alle Menschen und nur die Menschen über Rechte verfügen, weil sie als einzige fähig sind, ihren Schöpfer anzuerkennen und anzubeten. Abgesehen davon, daß diese Behauptung auf einem Glauben beruht, den man nicht zu teilen braucht, läßt sich ein bereits erwähnter Einwand gegen sie anführen: Weder Neugeborene noch Alzheimerkranke, noch geistig Behinderte sind fähig, Gott »anzuerkennen und anzubeten«. Einige Autoren halten es dennoch für unumgänglich, die Grundlage der Menschenrechtslehre in der Religion zu sehen. Michael Perry zum Beispiel sagt, es gebe keinen wirklichen Grund, die Menschenrechte zu verteidigen, wenn man nicht von der »Heiligkeit« des menschlichen Lebens ausgehe.[48] Diese Behauptung verblüfft, wenn sie – wie es nicht selten vorkommt – von erklärten Atheisten aufgestellt wird. Nicht zu Unrecht macht sich Alain Renaut über jene Theoretiker lustig, die den »Tod des Menschen« verkünden, um dennoch die Menschenrechte hochzuhalten, Rechte eines Wesens also, dessen Verschwinden sie selbst behauptet haben. Einen nicht minder drolligen Anblick bieten diejenigen, die den »heiligen« Charakter der Menschenrechte predigen und sich dabei brüsten, jeden Begriff des Heiligen aus dem öffentlichen Raum verbannt zu haben.

Am anderen Ende des Spektrums herrscht die Auffassung, die Verteidigung der Menschenrechte bedürfe keinerlei metaphysischer oder moralischer Grundlage. Der kanadische Historiker Michael Ignatieff hält es für sinnlos, in der menschlichen Natur eine Begründung der Menschenrechte zu suchen, genausowenig wie es notwendig sei, diese Rechte als »heilig« zu bezeichnen.[49] Es genüge, dem Rechnung zu tragen, was Individuen allgemein als gerecht empfinden. William F. Schulz, geschäftsführender Direktor von Amnesty International, versichert ebenfalls, die Menschenrechte seien nichts anderes als das, was die Menschen zum Recht erklären.[50] A. J. M. Milne will die Menschenrechte auf einem »Minimalstandard« begründen, der sich aus bestimmten moralischen Notwendigkeiten ergibt, die allem gesellschaftlichen Leben gemein sind.[51] Rick Johnstone schreibt, daß »die Menschenrechte nicht deshalb ›den Sieg davontragen‹, weil sie ›wahr‹ sind, sondern weil die Mehrheit der Menschen begriffen hat, daß sie besser sind als die Alternativen«.[52] Diese bescheidenen, pragmatischen Behauptungen sind kaum überzeugend. Davon auszugehen, daß Menschenrechte nur das sind, was die Menschen als solche erachten, heißt, daß sie ihrem Wesen nach verhandelbar sind. Damit riskiert man, die Definition der Rechte vom Gutdünken jedes einzelnen abhängig zu machen. Zugleich verwandeln sich Naturrechte in vage Ideen oder aber in positive Rechte. Positive Rechte jedoch sind noch weniger »universell« als Naturrechte, denn oft genug werden die Menschenrechte im Namen eines bestimmten positiven Rechts außer Kraft gesetzt.

Der italienische Philosoph Guido Calogero wiederum meint, die Vorstellung einer Grundlage der Menschenrechte müsse zugunsten einer argumentativen Begründung aufgegeben werden.[53] Er gibt allerdings zu, daß dieser Vorschlag wenig befriedigend ist, weil er die »Wahrheit« der Menschenrechte einzig von der Argumentationsfähigkeit der Gesprächspartner abhängig macht. Da neue Argumente sie jederzeit entkräften könnten, bleibt jede Entscheidung vorläufig. Die Suche nach einer Begründung der Menschenrechte wird so zum Versuch, auf dem Wege der Argumentation einen Konsens zwischen den Rechtssubjekten zu finden, der unvermeidlich provisorisch sein muß. Diese Perspektive erinnert nicht zuletzt an die Kommunikationsethik eines Jürgen Habermas.[54]

Der italienische Rechtsphilosoph Norberto Bobbio schließlich hielt eine philosophische oder argumentative Begründung der Menschenrechte schlichtweg für unmöglich und obendrein für unsinnig.[55] Diese Auffassung begründete er damit, daß die Menschenrechte keineswegs ein zusammenhängendes und genau definierbares Ganzes bilden. Im Gegenteil habe sich ihr Gehalt historisch gewandelt. Bobbio räumte ein, daß sich viele dieser Rechte untereinander widersprechen können und daß die Menschenrechtslehre sich mit sämtlichen Aporien einer Gründungstheorie konfrontiert sieht, weil sich nie ein Konsens zwischen den Ausgangsforderungen herstellen läßt. Einen ganz ähnlichen Standpunkt vertritt auch Bobbios polnischer Fachkollege Chaïm Perelman.

Ob man die menschliche Natur anführt oder die Vernunft, die Würde des Menschen oder seine Zugehörigkeit zur Menschheit – jeder Versuch, die Menschenrechte zu begründen, stößt auf unüberwindliche Schwierigkeiten. Wenn aber die Menschenrechte keine wahre Grundlage haben, schränkt dies ihre Tragweite stark ein. Sie sind nur mehr »Konsequenzen ohne Voraussetzungen«, wie schon Spinoza sagte. Letztlich beläuft sich die Menschenrechtslehre auf einige Aussagen, denen niemand widersprechen würde: daß es besser ist, keine Unterdrückung zu erleiden, daß Freiheit der Tyrannei vorzuziehen ist, daß es nicht gut ist, anderen Schlechtes zu tun, und daß Personen als Personen und nicht als Gegenstände betrachtet werden müssen. Ist wirklich ein solcher Umweg notwendig, um bei diesen Erkenntnissen zu landen?

1 Le sentiment d'exister. Ce soi qui ne va pas de soi. Descartes et Cie, Paris 2002, S. 453.
2 Politique et impolitique. Sirey, Paris 1987, S. 192.
3 Ebenda, S. 189.
4 Les droits de l'homme. Origines et aléas d'une idéologie moderne. Cerf, Paris 2001, S. 7.
5 Zur verspäteten Erweiterung der Menschenrechte auf Frauen vgl. vor allem Xavier Martin, L'homme des droits de l'homme et sa compagne. Dominique Martin Morin, Bouère 2001.
6 In: Louis Favoreu (Hrsg.), Cours constitutionnelles européennes et droits fondamentaux. Presses universitaires d'Aix-Marseille, Aix-enProvence, et Economica, Paris 1982, S. 521.
7 Les origines de la France contemporaine. La Révolution, Band 1. Hachette, Paris 1878, S. 274.
8 Trotzdem ist kaum einzusehen, wie ein solches Recht sich aus der rein individuellen Natur des Menschen ergeben könnte, da er außerhalb einer existierenden politischen Gesellschaft keine »Unterdrückung« erleiden kann.
9 Vgl.: Kant, Metaphysik der Sitten, Erster Teil, Anfangsgründe der Rechtslehre. Meiner, Hamburg 1954, S. 144.
10 Les droits de l'homme: droits individuels ou droits collectifs? Actes du Colloque de Strasbourg des 13 et 14 mars 1979. Librairie générale de droit et de jurisprudence, Paris 1980, S. 21.
11 »Les tâches de la philosophie politique«, in: La Revue du MAUSS, Paris, 1. Halbjahr 2002, S. 279.
12 Der Maastrichter Vertrag (1992) sieht vor, daß die Europäische Union »die Grundrechte achtet, wie sie von der am 4. November 1950 in Rom unterzeichneten Europäischen Konvention zur Wahrung der Menschenrechte und der Grundfreiheiten garantiert werden«. Der Vertrag von Amsterdam (1997) geht einen Schritt weiter, indem er hinzufügt: »Die Europäische Union gründet vor allem auf dem Grundsatz der Achtung der Menschenrechte und der Grundfreiheiten.« Die Europäische Gemeinschaft (nicht aber die Union, die keine Rechtspersönlichkeit hat) hatte im übrigen anvisiert, der Europäischen Konvention zur Wahrung der Menschenrechte beizutreten. Doch der Europäische Gerichtshof entschied am 28. März 1996, daß »die Gemeinschaft nach dem gegenwärtigen Rechtsstand nicht über die Kompetenz verfügt, der Konvention beizutreten«. Ein solcher Beitritt hätte die Institutionen der Gemeinschaft unter die rechtliche Vormundschaft der Konvention gestellt – angefangen beim Europäischen Gerichtshof in Luxemburg, der dem Straßburger Gerichtshof unterstehen würde. In dem Bemühen um eine Ersatzlösung hat die Europäische Union aus diesem Grund beschlossen, eine Liste von »Grundrechten« zu

veröffentlichen, die durch die Rechtsvorschrift der Union geschützt werden. Diese Grundrechtecharta der Europäischen Union, die der Europarat im Jahr 2000 verabschiedete, umfaßt 54 Artikel, denen eine Präambel vorausgeht. Ihr Inhalt zeugt von einem Synkretismus der Anregungen. Ihre Rechtskräftigkeit bleibt vorerst mehr oder weniger ungeklärt. Vor allem die Frage, ob die Charta auf nationaler Ebene vor Gericht geltend gemacht werden könnte, ist nie angeschnitten worden.

13 Vgl. vor allem: Institut international de philosophie (Hrsg.), Les fondements des droits de l'homme. Actes des entretiens de l'Aquila, 14–19 septembre 1964. Nuova Italia, Florenz 1966; Mauricio Beuchot, Los derechos humanos y su fundamentación filosófica. Universidad Iberoamericana, Mexiko 1997.

14 Marcel Gauchet, a. a. O., S. 288.

15 »Natural Rights and Natural History«, in: The National Interest, New York, Sommer 2001, S. 19.

16 Ebenda, S. 24.

17 Ebenda, S. 30.

18 Individuals and Their Rights. Open Court, La Salle (Illinois) 1990.

19 Encyclopädie der philosophischen Wissenschaften im Grundrisse, § 539. 4. Auflage, Meiner, Leipzig 1930, S. 444.

20 »Human Nature and Human Rights«, in: The National Interest, New York, Winter 2000–01, S. 81. Vgl. auch Robin Fox, »Human Rights and Foreign Policy«, in: The National Interest, New York, Sommer 2002, S. 120.

21 Human Natures. Genes, Cultures, and the Human Prospect. Island Press, Washington, D.C. 2000.

22 Die offene Gesellschaft und ihre Feinde (1945). UTB, Stuttgart, 1992. Popper ist der Auffassung, daß eine Orientierung an der Natur unvermeidlich zum Holismus führt.

23 »Against Natural Rights«, in: Policy Review, Winter 1983, S. 143–175.

24 Die postnationale Konstellation. 3. Auflage, Suhrkamp, Frankfurt/M. 2001, S. 187–188.

25 »Pensée sociologique et droits de l'homme«, in: Études sociologiques. PUF, Paris 1988, S. 229.

26 A. a. O., S. 288.

27 Zur Kritik der Menschenrechtslehre bei Jeremy Bentham, dem Begründer des Utilitarismus, vgl. Jeremy Waldron (Hrsg.), »Nonsense Upon Stilts«. Bentham, Burke and Marx on the Rights of Man. Methuen, London 1987; Hugo Adam Bedau, »›Anarchical Fallacies‹: Bentham's Attack on Human Rights«, in: Human Rights Quarterly, Februar 2000, S. 261–279.

28 Metaphysik der Sitten, Zweiter Teil, Metaphysische Anfangsgründe der Tugendlehre. Meiner, Hamburg 1954, S. 221.

29 Metaphysik der Sitten, Erster Teil, Anfangsgründe der Rechtslehre. Meiner, Hamburg 1954, S. 43.

30 Metaphysik der Sitten, Zweiter Teil, Metaphysische Anfangsgründe der Tugendlehre. Meiner, Hamburg 1954, S. 321.

31 »L'empire de la morale«, in: Commentaire, Paris, Herbst 2001, S. 506.

32 Allerdings führt Rawls genauso wie viele andere Vertreter einer deontologischen Moral (Ronald Dworkin, Bruce Ackerman etc.) durch die Hintertür gewisse Ideen ein, die trotz allem wieder die menschliche Natur ins Spiel bringen (besonders wenn er in seiner Theorie des »Schleiers des Nichtwissens« bezüglich der jeweiligen »Ausgangsposition« dem Menschen eine angeborene Neigung zuschreibt, Risiken zu vermeiden).

33 Unter dem Einfluß Kants oder des Empirismus der »Tabula rasa« gehen viele Autoren so weit, die Existenz einer menschlichen Natur schlichtweg zu leugnen. Vgl. zuletzt die Kontroverse um Steven Pinkers The Blank Slate. The Modern Denial of Human Nature (Viking Press, New York 2002), das im angelsächsischen Raum eine sehr breite Debatte hervorgerufen hat. Pinker sieht in der menschlichen Natur, die er zu rehabilitieren sucht, ein regelrechtes »modernes Tabu«.

34 Quelle justice? Quelle rationalité? PUF, Paris 1993.

35 Vgl. vor allem Myres S. McDougal, Harold D. Lasswell und Lung-chu Chen, Human Rights and World Public Order. Yale University Press, New Haven 1980.

36 »On the Obsolescence of the Concept of Honour«, in: Stanley Hauerwas und Alasdair MacIntyre (Hrsg.), Revisions. University of Notre Dame Press, Notre Dame 1983.

37 Vgl. Alain Goldmann, »Les sources bibliques des droits de l'homme«, in: Shmuel Trigano (Hrsg.), Y a-t-il une morale judéo-chrétienne? In Press, Paris 2000, S. 155–164.

38 A.a.O., S. 505.

39 De l'invention, 2, 166.

40 Ein Echo dieser Hierarchie findet man in der christlichen Theologie, die zwischen der »vollkommenen Würde« der Christen und der »unvollkommenen Würde« derer, die nicht getauft sind, unterscheidet.

41 Vgl. Jacques Maritain, Les droits de l'homme. Desclée de Brouwer, Paris 1989, S. 69–72.

42 Als Beispiele seien genannt A.I. Melden, Rights and Persons, Oxford University Press, Oxford 1972; und Joel Feinberg, Rights, Justice, and the Bounds of Liberty, Princeton University Press, Princeton 1980.

43 Vgl. dazu S.S. Rama Rao Pappu, »Human Rights and Human Obligations. An East-West Perspective«, in: Philosophy and Social Action, November/Dezember 1982, S. 20.

44 Droit, communauté et humanité. Cerf, Paris 2000, S. 67.

45 Social Ethics. A Student's Guide. Basil Blackwell, Oxford 1996, S. 44.

46 »On Speciesism«, in Synthesis Philosophica, Zagreb, 2000, 1–2, S. 107.

47 »Les droits de l'homme pour les grands singes non humains?«, in: Le Débat, Paris, Januar/Februar 2000, S. 159. Vgl. in derselben Ausgabe die Beiträge von Luc Ferry, Marie-Angèle Hermitte und Joëlle Proust. Vgl. auch Peter Singer, La libération animale. Grasset, Paris 1993; Paola Cavalieri und Peter Singer, The Great Ape Project. Equality Beyond Humanity. St. Martin's Press, New York 1994. Clément Rosset hatte schon vor Jahrzehnten ähnlich argumentiert, wenn auch in einem humoristischen Stil (Lettre sur les chimpanzés. Gallimard, Paris 1965). »Tiere sind Menschen wie alle anderen«, verkündete Prinzessin Stéphanie von Monaco. Am 15. Oktober 1978 wurde vor der Unesco eine Universelle Tierrechtserklärung abgegeben. Ihr Artikel 1 lautete: »Alle Tiere sind vor dem Leben gleich geboren und haben dieselben Rechte auf die Existenz.«

48 The Idea of Human Rights. Four Inquiries. Oxford University Press, New York 1998, S. 11–41.

49 Human Rights as Politics and Idolatry. Princeton University Press, Princeton 2001.

50 In Our Own Best Interest. How Defending Human Rights Benefit Us All. Beacon Press, New York 2002.

51 Human Rights and Human Diversity. An Essay in the Philosophy of Human Rights. Macmillan, London 1986.

52 »Liberalism, Absolutism, and Human Rights. Reply to Paul Gottfried«, in: Telos, New York, Sommer 1999, S. 140.

53 »Il fondamento dei diritti dell'uomo«, in: La Cultura, 1964, S. 570.

54 Für Habermas ist Handeln vor allem von Sprache bestimmt, also von kommunikativem Austausch. Die Vernunft wird durch einen anhand der Diskussion erreichten Konsens vorangebracht. Vgl. Theorie des kommunikativem Handelns. Suhrkamp 1997, 2 Bände. Habermas will die Menschenrechte von einer Achtung des Subjekts als Stütze der »kommunikativen Aktivität« aus neu definieren. Andererseits leugnet er, daß die Menschenrechte moralischer Natur sind: »Menschenrechte sind von Haus aus juridischer Natur. Was ihnen den Anschein moralischer Rechte verleiht, ist nicht ihr Inhalt, sondern ein Geltungssinn, der über nationalstaatliche Rechtsordnungen hinausweist.« (Kants Idee des ewigen Friedens – aus dem historischen Abstand von 280 Jahren, in: Die Einbeziehung des Anderen. Studien zur politischen Theorie. Frankfurt/M., Suhrkamp 1996, S. 222.

55 Per una teoria generale della politica. Einaudi, Turin 1999, S. 421–466.

# Menschenrechte und kulturelle Vielfalt

Die Menschenrechtslehre geriert sich als überall und zu jeder Zeit gültige, das heißt als universelle Lehre. Die Universalität, die angeblich jedem als Subjekt gesetzten Individuum innewohnt, stellt hier den auf jede empirische Wirklichkeit anwendbaren Maßstab dar. Daß Rechte »universell« seien, heißt mit anderen Worten nur, daß sie absolut wahr sind. Tatsächlich ist die Menschenrechtsideologie, wie jeder weiß, ein Produkt des aufklärerischen Denkens, und der Begriff der Menschenrechte selbst erschien am Horizont der westlichen Neuzeit. Nun stellt sich die Frage, ob die sehr spezifischen Umstände ihrer Entstehung nicht implizit ihrem universellen Anspruch widersprechen. Jede Rechtserklärung läßt sich historisch datieren – ergibt sich daraus nicht eine Spannung oder ein Widerspruch zwischen der ihre Ausarbeitung leitenden historischen Kontingenz und der Universalität, die sie beansprucht? Im Reigen aller menschlichen Kulturen stellt die Menschenrechtslehre eher die Ausnahme als die Regel dar – und selbst in der europäischen Kultur bildet sie eine Ausnahme, denn sie trat erst in einem ganz bestimmten und relativ späten Moment der Geschichte dieser Kultur in Erscheinung. Wenn die Rechte schon immer »da« sind, wenn sie zur Natur des Menschen gehören, scheint es verwunderlich, daß sie nur einem winzigen Teil der Menschheit aufgefallen sein sollen und daß selbst dieser so lange gebraucht haben soll, sie wahrzunehmen. Wie ist einzusehen, daß der universelle Charakter der Menschenrechte sich nur in einer bestimmten Gesellschaft »offenbarte«? Und wie kann diese Gesellschaft ihren universellen Charakter verkünden, ohne gleichzeitig ein historisches Monopol auf sie anzumelden, das heißt ohne sich denen, die ihn nicht erkannt haben, überlegen zu fühlen?

Schon der Begriff der Universalität ist problematisch. Von welcher Art der Universalität ist hier die Rede? Von einer geographischen, einer philosophischen, einer moralischen Universalität? Die Universalität der Rechte stößt sich darüber hinaus an einer Frage, die der spanische römisch-katholische Priester und Professor der Religionsphilosophie Raimundo Panikkar ohne Umschweife stellt: »Hat es einen Sinn zu fragen, ob alle Bedingungen der Universalität gegeben sind, wenn selbst die Frage der Universalität alles andere als eine universelle Frage ist?«[1]

Zu sagen, alle Menschen seien Träger derselben Rechte, ist das eine. Zu sagen, diese Rechte müßten überall in der Form anerkannt werden, die ihnen die Menschenrechtsideologie gibt, ist etwas völlig anderes. Letzteres wirft die Frage auf, wer die Autorität hat, eine solche Sichtweise aufzuzwingen, wie diese Autorität beschaffen ist und wodurch gewährleistet wird, daß ihre Urteile wohlbegründet sind. Mit anderen Worten, wer entscheidet, daß es so sein muß und nicht anders?

Jeder Universalismus tendiert dazu, Unterschiede zu ignorieren oder zu kaschieren. In ihrer kanonischen Formulierung scheint die Menschenrechtslehre ihrerseits wenig geneigt, die Vielfalt der Kulturen anzuerkennen, und zwar aus zwei Gründen: Zum einen ist sie durch und durch individualistisch und das Subjekt, dessen Rechte sie proklamiert, ein äußerst abstraktes. Zum anderen ist sie historisch vorrangig an die westliche Kultur oder zumindest an eine der Traditionen gebunden, auf denen diese Kultur gründet. Dafür gibt es kein besseres Beispiel als die von der Französischen Revolution behauptete Notwendigkeit, »die Juden als Nation so ganz und gar abzulehnen, wie man sie als Individuen unterstützte« (Clermont-Tonnerre), so daß die Emanzipation der Juden mit der Auflösung ihrer Gemeinschaft einherging. Seither gerät die Menschenrechtslehre ständig in Konflikt mit der Verschiedenheit der Menschen, wie sie sich in der Vielfalt der politischen Systeme, der religiösen Traditionen und der kulturellen Werte ausdrückt. Wie wird dieser Konflikt enden: mit der Auflösung der Unterschiede oder ihrer Berücksichtigung, die wiederum die Menschenrechtslehre zersetzen könnte? Läßt sich diese Lehre mit der kulturellen Vielfalt vereinbaren, oder muß sie diese zerstören?

Alle diese Fragen, mit denen sich die Literatur ausgiebig beschäftigt,[2] münden letztlich in eine simple Entscheidung: Entweder bleibt man dabei, daß die Grundbegriffe der Menschenrechtslehre ihrer Entstehungsgeschichte zum Trotz wahrhaft universelle Begriffe sind; dies gilt es nun zu beweisen. Oder aber man gibt den Gedanken der Universalität auf, was das gesamte Modell zum Einsturz bringt. Denn wenn der Begriff der Menschenrechte ein rein westlicher ist, kann kein Zweifel daran bestehen, daß seine globale Verallgemeinerung eine Einmischung von außen darstellt, eine andere Art der Bekehrung und Beherrschung, eine Fortsetzung also des kolonialen Syndroms.

Eine erste Schwierigkeit ergibt sich bereits auf der Ebene des Vokabulars. Bis zum Mittelalter findet man in keiner europäischen Sprache – geschweige denn im Arabischen, Hebräischen, Chinesischen oder Japanischen – einen Ausdruck, der ein Recht als subjektive Eigenschaft der Person bezeichnet und sich von dem für das juridische Fachgebiet gebrauchten Ausdruck (das Recht) unterscheidet. Das heißt, daß es erst seit relativ kurzer Zeit ein Wort gibt, um Rechte zu bezeichnen, die den Menschen aufgrund ihrer Menschlichkeit gebühren. Alasdair MacIntyre ist der Meinung, allein diese Feststellung genüge, um die Existenz solcher Rechte zu bezweifeln.[3]

Schon der Begriff des Rechts ist alles andere als universell. Die indische Sprache kann ihn nur durch ungefähre Entsprechungen ausdrükken: *yukta* und *ucita* (angemessen), *nyayata* (gerecht) oder gar *dharma* (Verpflichtung). Das chinesische *chuan li* ist eine Zusammensetzung aus zwei Wörtern, die Macht und Nutzen bezeichnen. Das arabische *haqq* (Recht) bedeutet zunächst Wahrheit.[4]

Darüber hinaus behauptet die Menschenrechtslehre die Existenz einer universellen menschlichen Natur, die weder zeitlich noch örtlich gebunden sei und sich mit Hilfe der Vernunft erkennen lasse. Diese Behauptung, die eigentlich nicht zur Menschenrechtslehre gehört (und gegen die an sich nichts einzuwenden ist), wird sehr eigentümlich interpretiert: Der Mensch unterscheidet sich nicht nur von anderen Lebewesen (einzig der Mensch hat natürliche Rechte), sondern auch von der Gesellschaft (das menschliche Wesen ist grundsätzlich das Individuum, das Soziale ist für das Verständnis seiner Natur unerheblich) und dem Kosmos (die menschliche Natur hat nichts mit der allgemeinen Ordnung der Dinge zu tun). Allerdings gibt es diese dreifache Unterscheidung bei den allermeisten Kulturen nicht, nicht einmal bei solchen, die die Existenz einer menschlichen Natur anerkennen.

Ganz besonders problematisch wird es beim Individualismus. In den meisten Kulturen – unter ihnen in ihren Ursprüngen auch die abendländische Kultur – läßt sich das Individuum als solches ganz einfach nicht darstellen. Nirgends wird es als Monade aufgefaßt, von allem abgeschnitten, was es einbindet, nicht nur von seinen Nächsten, sondern von der Gemeinschaft aller Lebewesen und von der Gesamtheit des Universums. Vorstellungen von Ordnung, Gerechtigkeit und Harmonie gehen nicht vom Individuum aus, sondern von der Gemeinschaft, der Tradition, den gesellschaftlichen Bindungen oder der Ganzheit alles Wirklichen. Die Freiheit des Individuums hat keinerlei Bedeutung in Kulturen, die grundsätzlich holistisch geblieben sind und sich weigern, das menschliche Wesen als autark auf sich selbst gestelltes Atom zu verstehen. Solche Kulturen kennen keine subjektiven Rechte. Um so allgegenwärtiger sind Rechte, die auf Verpflichtung und Gegenseitigkeit beruhen. Statt seine Rechte geltend zu machen, muß ein Mensch sich bemühen, in der Welt und vor allem in der Gesellschaft, der er angehört, die Bedingungen zu schaffen, die am ehesten die Vollendung seiner Natur und die Vervollkommnung seines Seins begünstigen.

Die asiatische Denkweise zum Beispiel drückt sich vor allem in der Sprache der Pflichten aus. Der Moralbegriff, der dem chinesischen Denken zugrunde liegt, ist ein Begriff der Pflichten, die man anderen gegenüber hat, nicht etwa der Rechte, die man ihnen gegenüber anmelden könnte, denn »die Welt der Pflichten geht logischerweise der Welt der Rechte voraus«.[5] Die konfuzianische Tradition stellt die Harmonie der Lebewesen untereinander und mit der Natur in den Vordergrund. Dementsprechend kann das Individuum keine höheren Rechte haben als die Gemeinschaft, der es angehört. Die Menschen sind durch die Gegenseitigkeit der Pflichten und Verpflichtungen aneinander gebunden. Zudem reichen die Pflichten weiter als die Rechte. Während theoretisch jedem Recht eine Pflicht entspricht, ergibt sich nicht umgekehrt aus jeder Pflicht ein Recht: Wir können Verpflichtungen gegenüber bestimmten Menschen haben, von denen wir nichts zu erwarten haben, und ebenso gegenüber der Natur und den Tieren, die uns nichts schulden.[6]

In Indien stellt der Hinduismus das Universum als Raum dar, in dem alle Lebewesen vielgestaltige Existenzkreisläufe durchlaufen. Der Taoismus sieht das Tao der Welt als universelle Grundlage, die den Lauf aller Dinge und Lebewesen regelt. Im Nahen Osten bestimmen die Begriffe der Achtung und Ehre die Verpflichtungen innerhalb der Großfamilie und des Clans.[7] Alle diese Vorstellungen vertragen sich sehr schlecht mit der Menschenrechtslehre. »Die Menschenrechte sind ein westlicher Wert«, so die Sozialwissenschaftlerin Sophia Mappa, »der von keiner anderen Gesellschaft der Welt geteilt wird, ungeachtet aller Nachäffungen ihres Wortlauts«.[8]

Davon auszugehen, daß die Gruppe vor dem Individuum kommt, bedeutet keineswegs, daß das Individuum in der Gruppe »eingesperrt« wäre, sondern daß es seine Einzigartigkeit erst in einem sozialen Zusammenhang erlangt, der auch die Grundlage seines Seins bildet. Noch weniger heißt es, daß es nicht überall einen natürlichen Widerwillen gegen Despotismus, Zwang und Mißhandlung gibt. Daß zwischen dem Individuum und der Gruppe Spannungen entstehen, ist durchaus ein universeller Sachverhalt. Alles andere als universell ist dagegen die Überzeugung, Freiheit lasse sich am besten dadurch bewahren, daß man das Individuum abstrakt postuliert und es aller konkreten Merkmale, aller natürlichen und kulturellen Einbindungen beraubt. Konflikte gibt es in allen Kulturen, aber in den meisten ist die vorherrschende Weltsicht keine konfliktive (das Individuum gegen die Gruppe), sondern eine »kosmische«, der natürlichen Ordnung und Harmonie der Dinge geweihte. Jeder einzelne hat in dem Ganzen, in das er sich einfügt, eine Rolle zu spielen. Die Rolle der politischen Macht besteht in der dauerhaften Sicherung dieses harmonischen Zusammenlebens. Genauso wie Macht eine universelle Größe ist, die durchaus unterschiedliche Formen annehmen kann, ist auch das Verlangen nach Freiheit universell, aber es wird sehr unterschiedlich mit ihm umgegangen.

Besonders problematisch wird es, wenn die im Namen der Menschenrechte beanstandeten gesellschaftlichen oder kulturellen Praktiken der Bevölkerung nicht aufgezwungen, sondern Gebräuche sind, die offensichtlich von einem Großteil der Betroffenen befürwortet werden (was nicht heißen soll, daß sie nie hinterfragt werden). Wie kann eine Doktrin, die auf der freien Verfügung der Individuen über sich selbst beruht, sich solchen Praktiken widersetzen? Laut der Menschenrechtslehre müssen die Menschen frei sein zu tun, was sie wollen, solange ihre Freiheit nicht die der anderen beeinträchtigt. Warum sollen Völker, deren Gebräuche uns schokkieren oder empören, nicht dieselbe Freiheit haben, diese Gebräuche zu pflegen, solange sie nicht versuchen, sie anderen aufzuzwingen?

Ein vielzitiertes Beispiel ist die weibliche Beschneidung, die heute noch in vielen schwarzafrikanischen Staaten (sowie in einigen muslimischen) üblich ist. Zweifelsohne handelt es sich um eine schädliche Prozedur. Sie läßt sich jedoch nicht von einem kulturellen und gesellschaftlichen Gesamtzusammenhang trennen, innerhalb dessen sie im Gegenteil als moralisch gut und gesellschaftlich notwendig gilt: Eine unbeschnittene Frau wird keinen Ehemann finden und keine Kinder gebären. Deshalb sind die beschnittenen Frauen die ersten, die ihre Töchter beschneiden lassen wollen. Das wirft die Frage auf, mit welcher Berechtigung man einen Brauch verbieten kann, der niemandem aufgezwungen wird. Die einzige vernünftige Antwort lautet, daß man nur die Betroffenen selbst ermutigen kann, alle Vor- und Nachteile zu überdenken. Das heißt, man kann interne Kritik anregen. Die Männer und Frauen, die das Problem unmittelbar betrifft, sind auch diejenigen, die es anpacken müssen.[9]

Wenn – um ein anderes Beispiel anzuführen – in einem muslimischen Staat eine Ehebrecherin gesteinigt wird und sich die Verteidiger der Menschenrechte darüber aufregen, kann man sich fragen, was genau sie verurteilen: die Art der Hinrichtung, die Tatsache, daß auf Ehebruch die Todesstrafe steht (oder daß er überhaupt strafbar ist), oder die Todesstrafe als solche? Die erste Reaktion scheint vor allem eine emotionale zu sein.[10] Die zweite läßt sich immerhin diskutieren. Egal welche Ansicht man in dieser Frage vertritt – mit welcher Berechtigung kann man die Mitglieder einer Kultur daran hindern, Ehebruch als strafbares Vergehen einzuschätzen und nach ihrem eigenen Ermessen zu entscheiden, wie schwer die Strafe sein soll? Aus der dritten Reaktion folgt, daß alle Staaten, die wie die USA an der Todesstrafe festhalten, gegen die Menschenrechte verstoßen.

»Den Menschenrechten in ihrer derzeitigen Formulierung universelle Gültigkeit zuzuschreiben«, bemerkt Raimundo Panikkar, »kommt der Behauptung gleich, daß die meisten Völker der Welt dabei sind, sich praktisch auf dieselbe Weise wie die westlichen Nationen von einer mehr oder weniger mythischen Gemeinschaft [...] auf eine ›vernünftig‹ und ›vertraglich‹ organisierte ›Moderne‹ zuzuentwickeln, wie sie der industrialisierte Westen kennt. Diese Behauptung ist anfechtbar.«[11] Genausogut könne sich die Ausrufung der Menschenrechte »als trojanisches Pferd erweisen, das heimlich ins Innere anderer Zivilisationen geschmuggelt wird und sie im Ergebnis verpflichtet, jene Lebens-, Denk- und Empfindungsweisen anzunehmen, gemäß derer sich zur Lösung von Konflikten die Menschenrechte aufzwingen«.[12]

Die Akzeptanz der kulturellen Vielfalt erfordert eine volle Anerkennung des anderen. Wie aber soll man den anderen anerkennen, wenn seine Werte und Praktiken denen widersprechen, die man ihm eintrichtern will? Die Anhänger der Menschenrechtslehre befürworten im allgemeinen den »Pluralismus«. Doch wie vertragen sich die Menschenrechte mit der Vielzahl kultureller Systeme und religiöser Bekenntnisse? Die Achtung der Individualrechte geht mit der Mißachtung der Kulturen und Völker einher – muß man daraus schließen, daß alle Menschen gleich sind, während die Kulturen, die diese Gleichen geschaffen haben, nicht gleich sind?

Mit den Menschenrechten wird offensichtlich auch die kulturelle Angleichung aufgezwungen. Dadurch droht die Aushebelung oder Auslöschung kollektiver Identitäten, die auch für die Bildung individueller Identitäten eine Rolle spielen. Die klassische Vorstellung, nach der die Menschenrechte die Individuen vor den Gruppen schützen, denen sie angehören, und eine Instanz darstellen, die sie gegen die Praktiken, Gesetze oder Gebräuche dieser Gruppen anrufen können, erweist sich damit als fragwürdig. Wissen diejenigen, die diese oder jene »Menschenrechtsverletzung« verurteilen, immer genau zu ermessen, inwieweit die Praktik, die sie beanstanden, womöglich einen grundlegenden Bestandteil der Kultur bildet, in der sie auftritt? Sind diejenigen, die sich über die Verletzung ihrer Rechte beschweren, ihrerseits bereit, für die Achtung dieser Rechte die Zerstörung ihrer Kultur in Kauf zu nehmen? Wünschen sie nicht eher, daß ihre Rechte auf der Basis dessen geachtet werden, was ihre Kultur auszeichnet?

»Die Individuen«, schreibt Paul Piccone, Herausgeber der Zeitschrift *Telos*, »können nur [mit Hilfe der Menschenrechte] geschützt werden, wenn die Substanz dieser Rechte bereits in das Justizsystem ihrer Gemeinschaft eingegangen ist und alle wirklich daran glauben.«[13] Dieser Einwand ist gerechtfertigt. Die Menschenrechte können nur dort geltend gemacht werden, wo sie schon anerkannt werden, in Kulturen und Staaten, die ihre Grundsätze bereits verinnerlicht haben – dort also, wo man sie theoretisch nicht mehr geltend zu machen braucht. Wenn aber die Menschenrechte nur dort eine Wirksamkeit haben, wo die Grundsätze, auf die sie sich stützen, schon verinnerlicht sind, bewirkt die kulturelle Aushebelung, die mit ihrer brutalen Erzwingung einhergeht, das genaue Gegenteil dessen, was erreicht werden sollte. »Das Paradox der Menschenrechte«, so Piccone weiter, »besteht darin, daß ihre Einsetzung den Schwund und die Zerstörung der Bedingungen (Traditionen und Gebräuche) bedeutet, ohne die es unmöglich wird, sie in Kraft zu setzen.«[14]

*

Aus dem Versuch, die Menschenrechtslehre mit der kulturellen Vielfalt zu versöhnen, ist der Begriff des Selbstbestimmungsrechts der Völker entstanden. Diese neue Rechtskategorie hat sich vor allem in der Folge des Zweiten Weltkriegs entwickelt. Ihren Rahmen bildeten zum einen die Unabhängigkeitsbestrebungen, die schließlich zur Entkolonisierung führten, zum anderen aber der Einfluß von Ethnologen wie Claude Lévi-Strauss, die gegen die Vertreter des Sozialevolutionismus (Lewis Morgan) die kulturelle Angleichung als Frevel denunzierten. Statt dessen betonten sie Besonderheiten und Unterschiede sowie die Notwendigkeit, ethnischen Minderheiten Sonderrechte zuzuerkennen. In jüngster Zeit ist dieses Thema durch den Aufschwung der verschiedensten identitären Bekenntnisse, mit denen das Verschwinden nationaler Identitäten und die Verkalkung der Nationalstaaten ausgeglichen wird, wieder aktuell geworden. Für Lelio Basso sind die wahren »Subjekte der Geschichte die Völker, die genauso die Subjekte des Rechts sind«.[15]

Eine »Erklärung der Rechte der Völker« wurde am 4. Juli 1976, dem zweihundertsten Jahrestag der amerikanischen Unabhängigkeitserklärung, in Algier verabschiedet. Sie sieht vor, daß »jedes Volk ein Recht auf die Achtung seiner nationalen und kulturellen Identität hat« (Art. 2), daß jedes Volk »seine politische Verfassung völlig frei bestimmen kann« (Art. 5), daß es über »ein exklusives Recht auf seine Bodenschätze und natürlichen Ressourcen« verfügt (Art. 8), daß es das Recht hat, »sich für ein wirtschaftliches und soziales System zu entscheiden« (Art. 11), das Recht, »seine Sprache zu sprechen, seine Kultur zu bewahren und zu pflegen« (Art. 13), sowie das Recht, »sich keine ihm fremde Kultur aufzwingen zu lassen«.[16]

Die bloße Aufzählung dieser Rechte, die größtenteils leere Worte geblieben sind, genügt, um zu zeigen, wie schwer sie sich mit der klassischen Menschenrechtslehre in Einklang bringen lassen. Das Recht, eine kollektive Identität zu bewahren, widerspricht beispielsweise bestimmten Individualrechten. Das Recht auf kollektive Sicherheit kann erhebliche Beeinträchtigungen individueller Freiheiten nach sich ziehen. Allgemeiner gesprochen, so Norbert Rouland, »ist gewiß, daß der Begriff der Menschenrechte effektiv der Anerkennung der kollektiven Rechte ethnischer Gruppen im Weg steht«.[17] Das Recht der Völker auf Selbstbestimmung, auf dessen Grundlage die Entkolonisierung vollzogen wurde, widerspricht eindeutig dem Recht auf »humanitäre« Intervention.[18]

Optimisten sind der Meinung, Individual- und Kollektivrechte müßten von sich aus miteinander harmonieren, weil sie sich gegenseitig ergänzen. Die Geister scheiden sich indes an der Frage, welcher der beiden Kategorien Vorrang gebührt. Der Politikwissenschaftler Edmond Jouve versichert, daß »die Menschenrechte dem Selbstbestimmungsrecht der Völker gar nicht widersprechen können«.[19] In der Überzahl sind diejenigen, die zwar unleugbare Unterschiede feststellen, daraus aber entgegengesetzte Schlüsse ziehen. »Viele sind zu dem Schluß gekommen, daß das Selbstbestimmungsrecht der Völker eine bloße Abstraktion ist, um die Ersetzung einer Unterdrückung durch eine andere Unterdrückung rechtfertigen zu können, und daß einzig die Menschenrechte zählen«, stellt der Essayist Léo Matarasso fest. »Andere dagegen glauben, daß die Menschenrechte nur als ideologisches Alibi dienen, um Machenschaften zu rechtfertigen, die gegen das Selbstbestimmungsrecht der Völker verstoßen.«[20]

Bezüglich des »universellen« oder aber rein westlichen Charakters der Menschenrechte stößt man auf dieselbe Meinungsvielfalt. Nach dem Vorbild eines Alain Renaut, der behauptet, daß »die Berufung auf universelle Werte in keiner Weise eine Mißachtung des Besonderen beinhaltet«[21], hält eine Mehrheit der Anhänger der Menschenrechtslehre an dem Beharren auf deren Universalität fest. »Die Menschenrechte«, erklärt der US-amerikanische Philosoph John Rawls, »folgen weder aus einer bestimmen Philosophie noch aus einer Weltsicht unter vielen. Sie sind nicht ausschließlich an die kulturelle Tradition des Westens gebunden, selbst wenn sie innerhalb dieser Kultur zum ersten Mal formuliert wurden. Sie ergeben sich ganz einfach aus der Definition der Gerechtigkeit.«[22] Ganz offenbar wird hier stillschweigend davon ausgegangen, daß es nur eine mögliche »Definition der Gerechtigkeit« gibt. »Es mag ja stimmen, daß die Werte der Allgemeinen Erklärung der Menschenrechte aus der aufklärerischen Tradition stammen«, fügt William Schutz hinzu, »so gut wie alle Staaten der Welt haben sie angenommen.«[23] Wie kommt es dann, daß ihnen so oft mit Waffengewalt Geltung verschafft werden muß?

Aus dieser Sicht wäre es gewissermaßen Zufall, daß der Westen eher als alle anderen auf dem Entwicklungsstand anlangte, auf dem es möglich wurde, eine Bestrebung, die schon immer latent vorhanden war, ausdrücklich zu formulieren. Eine solche historische Priorität würde ihm keine besondere moralische Überlegenheit verleihen. Der Westen hätte lediglich einen »Vorsprung«, während die anderen Kulturen »Nachzügler« wären. Dies ist das klassische Schema der Fortschrittslehre.

Häufig erinnert die Diskussion über die Universalität der Menschenrechte an jene »ökumenischen« Gespräche, die zu Unrecht davon ausgehen, daß alle Glaubensbekenntnisse auf unterschiedlichen Wegen bei denselben gemeinsamen »Wahrheiten« ankommen. Die Beweisführung, mit der gezeigt werden soll, daß die Menschenrechte universell sind, ist fast immer dieselbe. Die Feststellung, daß überall auf der Welt ein Verlangen nach körperlichem Wohlbefinden und nach Freiheit herrscht, wird als Argument benutzt, um die Menschenrechte, die angeblich auf dieses Verlangen antworten, zu legitimieren.[24] Diese Schlußfolgerung ist allerdings vollkommen falsch. Niemand hat je bestritten, daß allen Menschen gewisse Bestrebungen gemein sind, noch daß sich ein Konsens herstellen ließe, wenigstens gewisse Dinge als grundsätzlich gut oder grundsätzlich schlecht zu betrachten. Überall auf der Welt sind die Menschen lieber gesund als krank, lieber frei als unfrei, nirgends lassen sie sich gern schlagen, foltern, willkürlich inhaftieren, massakrieren etc. Daß alle Menschen bestimmte Wünsche teilen, macht die Menschenrechte noch lange nicht gültig, geschweige denn universell. Mit anderen Worten, nicht die Universalität des Verlangens, keinem Zwang unterworfen zu werden, gilt es zu beweisen, sondern die Universalität der Sprache, in der man auf dieses Verlangen antwortet. Diese zwei Ebenen darf man nicht verwechseln. Und der zweite Beweis wurde bislang nicht erbracht.

Im übrigen werden die unterschiedlichen Werte selten in derselben Weise miteinander kombiniert, weil jeder dieser Werte in jeder Kultur eine andere Färbung erhält. Wie Charles Taylor immer wieder betont, läuft die Aussage, daß ein Wert gut ist, darauf hinaus, daß die Kultur, in der dieser Wert geschätzt wird, ihrerseits als gute Kultur zu betrachten sei. Um die Vernunft anzuführen, die alles andere als axiologisch neutral ist: Jeder Versuch, sie mit irgendeinem Wert, sogar einem vermeintlich »universellen«, zu verknüpfen, bindet sie zwangsläufig an die Kultur, die diesen Wert hochhält.

Auf die Frage: »Ist der Menschenrechtsbegriff ein universeller Begriff?« gibt Raimundo Panikkar eine eindeutige Antwort: »Die Antwort ist ein ganz klares Nein. Und zwar aus drei Gründen. Kein Begriff ist an sich universell. Jeder Begriff ist zunächst dort gültig, wo er entstanden ist. Wenn wir seine Gültigkeit über die Grenzen seines ursprünglichen Zusammenhangs hinaus erweitern wollen, müssen wir diese Ausdehnung rechtfertigen. [...] Zudem tendiert jeder Begriff dazu, keinen Widerspruch zuzulassen. Zu akzeptieren, daß Begriffe universell sein können, würde bedeuten, sich die Wirklichkeit streng rationalistisch vorzustellen. Selbst wenn diese Position dem entspräche, was theoretisch wirklich ist, würde daraus nicht die Existenz universell gültiger Begriffe folgen, weil die menschliche Gattung de facto eine Vielheit von diskursiven Universen darbietet [...] Innerhalb des weiten Feldes der abendländischen Kultur selbst sind nicht einmal die Postulate, mit deren Hilfe sich unsere Fragestellung verorten läßt, universell anerkannt. Sobald man sich eine transkulturelle Geisteshaltung zu eigen macht, wird dieses Problem zu einem ausschließlich abendländischen, das heißt, die Frage selbst wird fragwürdig. Die Mehrzahl der oben angeführten Postulate und anderen Vorannahmen, die sich mit ihr verbinden, ist in anderen Kulturen einfach nicht vorhanden.«[25]

Aus diesem Grund haben sich manche Autoren damit abgefunden, die Menschenrechte als »abendländisches Konstrukt mit begrenzter Gültigkeit« zu verstehen,[26] das sich zumindest auf jene Kulturen schwer anwenden läßt, denen die Tradition des liberalen Individualismus fremd ist. Raymond Aron gesteht dies ein: »Jede Erklärung von Rechten wird letztlich als idealisierter Ausdruck der politischen oder sozialen Ordnung erscheinen, deren Verwirklichung eine bestimmte Klasse oder eine bestimmte Zivilisation anstrebt [...] Damit wird auch der Irrtum der Allgemeinen Erklärung der Menschenrechte von 1948 deutlich. Sogar das Verfahren einer Erklärung von Rechten übernimmt sie von der abendländischen Zivilisation. Das Problem ist nicht, daß andere Zivilisationen keine Individualrechte oder kollektiven Normen kennen, sondern daß ihnen deren theoretische Darstellung mit universellem Anspruch fremd ist.«[27]

Die Kritik am Universalismus der Menschenrechte im Namen des kulturellen Pluralismus ist nicht neu. Herder und Savigny in Deutschland und Henry Maine in England haben gezeigt, daß sich das juridische Fach ohne eine Berücksichtigung kultureller Variablen nicht meistern läßt. Eine ähnliche Kritik findet man bei Hannah Arendt: »Die Paradoxie, die von Anfang an in dem Begriff der unveräußerlichen Menschenrechte lag, war, daß dieses Recht mit einem ›Menschen überhaupt‹ rechnete, den es nirgends gab.«[28]

In dieselbe Richtung gehen die drei Einwände, die der Philosoph Alasdair MacIntyre gegen die Menschenrechtslehre anführt. Erstens existiere der Rechtsbegriff, wie ihn diese Ideologie setzt, nicht überall, was beweise, daß er für das gesellschaftliche Zusammenleben nicht unbedingt notwendig ist. Zweitens sei die Menschenrechtslehre, die sich doch angeblich aus einer zeitlosen menschlichen Natur herleite, eng an eine bestimmte historische Periode gebunden, was ihren universellen Anspruch unglaubwürdig werden lasse. Drittens sei jeder Versuch, den Glauben an diese Rechte zu begründen, gescheitert. Weiter betont MacIntyre, in den Besitz und Genuß von Rechten komme man nur in einer Gesellschaftsform, die über gewisse bestehende Regeln verfüge: »Ein solcher Bestand an Regeln entsteht in bestimmten historischen Phasen unter bestimmten sozialen Umständen. Sie sind in keiner Weise allgemeine Merkmale der menschlichen Natur.«[29] Daraus schließt er, daß solche Rechte nicht weniger eine Fiktion sind als Hexen und Einhörner.[30]

*

In gewisser Hinsicht stellt die Menschenrechtslehre, die sich von Anfang an als universelle Wahrheit ausgibt, eine Reaktion auf den Relativismus dar. Darin liegt ein Paradox, denn diese Ideologie entspringt derselben liberalen Lehre, die historisch schon den Relativismus legitimierte, indem sie das gleiche Recht jedes Individuums behauptet, die Ziele zu verfolgen, für die es sich souverän entschieden hat. Besonders offenkundig wird dieser Widerspruch bei denjenigen, die von einer streng relativistischen Warte aus dem »Multikulturalismus« das Wort reden, aber zugleich diese oder jene kulturelle Tradition als »Verstoß gegen die Menschenrechte« verdammen. Wenn die Menschenrechtslehre den Relativismus vermeidet, droht sie umgekehrt dem Ethnozentrismus zu verfallen. Genau darauf wies der frühere französische Außenminister Hubert Védrine hin, als er sagte, die Doktrin der Menschenrechte laufe auf den Glauben hinaus, »daß die westlichen Werte als Monolith bar jeder Anfechtung oder Abstufung universelle und unveränderliche Werte sind und jeder Zweifel an ihnen, jeder pragmatische Vorbehalt ein Sakrileg darstellt«.[31]

»Die Annahme, daß das Leben ohne eine ausdrückliche Anerkennung der Menschenrechte chaotisch und sinnlos wäre«, sagt Raimundo Panikkar, »zeugt von derselben Mentalität wie die Behauptung, ohne den Glauben an einen einzigen Gott, wie er in der biblischen Tradition verstanden wird, würde das menschliche Leben sich in totale Anarchie auflösen. Man braucht nur ein bißchen weiterzudenken, um zu dem Schluß zu kommen, daß etwa Atheisten, Buddhisten und Animisten als Vertreter einer entarteten Menschheit zu betrachten sind. Genauso heißt es: entweder die Menschenrechte oder aber Chaos.«[32]

Derlei Entgleisungen sind fast unvermeidlich. Sobald eine Lehre oder eine Kultur sich als Träger einer »universellen« Botschaft versteht, legt sie eine unüberwindliche Neigung an den Tag, die ihr eigenen Werte ebenfalls als universell aufzutakeln. Entsprechend würdigt sie die Werte der anderen herab, die aus ihrer Sicht falsch, vernunftwidrig, unvollständig oder ganz einfach überkommen erscheinen. Mit dem besten aller guten Gewissen – denn sie ist überzeugt, im Namen der Wahrheit zu sprechen – predigt sie Intoleranz. »Eine universalistische Lehre entwickelt sich unvermeidlich nach demselben Muster wie eine Einheitspartei«, sagte Lévi-Strauss.[33]

Zu einer Zeit, da die kulturelle Vielfalt wohl das letzte ist, worum sich die vorherrschende marktwirtschaftliche Ideologie sorgt, nimmt die Menschenrechtslehre heimlich die alten Diskurse der Unterdrükkung und kulturellen Angleichung wieder auf. Als Handlanger der globalen Ausweitung des Marktes stellt sie diesem nach Bedarf ein »humanitäres« Gerüst zur Verfügung. Nicht im Namen des »wahren Glaubens«, der »Zivilisation«, des »Fortschritts« oder gar der »Bürde des weißen Mannes«[34] glaubt der Westen das Recht zu haben, über die gesellschaftlichen und kulturellen Praktiken der ganzen Welt zu bestimmen, sondern im Namen der als Recht wiedergeborenen Moral. Die Behauptung, die Menschenrechte seien universell, ist in diesem Sinn Ausdruck der Überzeugung, daß bestimmte Werte – die der westlichen Neuzeit – allen anderen überlegen sind und daher überall durchgesetzt werden müssen. Die Menschenrechtslehre erlaubt es dem Westen einmal mehr, sich zum moralischen Richter über die Menschheit aufzuschwingen.

»Indem die Verteidigung der Menschenrechte mit der Verteidigung der abendländischen Werte gleichgesetzt wird«, schreiben René Gallissot und Michel Trebitsch, »kann eine neue Ideologie um sich greifen: eine ›softe‹ Ideologie, die um so arglistiger und tückischer ist. Mit ihrer Hilfe wird es möglich, den aus dem Kalten Krieg geborenen Manichäismus zwischen Osten und Westen durch einen Manichäismus zwischen Nord und Süd zu ersetzen, von dem sich die Freiheit abendländischer Provenienz eine zweite Unschuld erhofft.«[35] »Das westliche Modell«, so Sophia Mappa, »muß der Menschheit aufgezwungen werden, als hätte es eine naturgegebene Objektivität, die seine Überlegenheit garantiert. Derselben Vorstellung zufolge sind die verschiedenen Gesellschaftssysteme der Erde angeblich Varianten des westlichen Systems, deren Eigentümlichkeiten mit dessen unvermeidlichem globalen Vormarsch verschwinden müßten [...] Damit das westliche Modell den Sieg davonträgt, müßten die anderen Gesellschaften bewußt Weltbilder, Werte, gesellschaftliche Praktiken, Institutionen und kulturelle Symbole aufgeben, die tief verwurzelt sind.«[36]

Ginge es auch anders? Man muß es ernsthaft bezweifeln. Wie der französische Philosoph und Anthropologe François Flahaut sagt: »Wenn der Westen die Welt davon überzeugen will, daß die Menschenrechte, so wie er sie begreift, wohlbegründet sind, muß er die anthropologischen und theologischen Voraussetzungen nahebringen, auf die sich die Formulierungen stützen (und vor allem den spezifischen Gebrauch des Ausdrucks Rechte in dem Begriff Menschenrechte). Will er andererseits die Berufung auf diese Vorannahmen vermeiden, dann muß er eingestehen, daß die Form, die er diesen ›Rechten‹ gegeben hat, aus seiner eigenen Tradition stammt und nur insofern einen universellen Wert hat, als sie an ein Moralempfinden appelliert, das allen wohlwollenden Menschen gemeinsam ist.«[37] »Allgemein gesprochen«, so Raymond Aron, »könnte man das Dilemma folgendermaßen ausdrücken: Entweder erlangen die Rechte eine Art von Universalität, weil sie sich dank ihrer vagen inhaltlichen Ausgestaltung beliebig umsetzen lassen, oder aber sie bewahren sich eine gewisse Präzision und geben ihren universellen Anspruch preis.«[38] Und abschließend: »Die vermeintlich universellen Rechte verdienen dieses Adjektiv nur, wenn sie in eine so vage Sprache gefaßt sind, daß sie jegliche inhaltliche Definition verlieren.«[39]

François De Smet faßt dasselbe Dilemma folgendermaßen zusammen: »Entweder wir entscheiden uns für ein kraftloses, substanzloses, beliebig dehnbares internationales Recht, das die Vorstellungen sämtlicher menschlichen Kulturen respektiert und wahrscheinlich wirkungslos ist; oder wir beziehen den Standpunkt, daß unsere Kultur – die der Individualrechte, die das Individuum über die Gruppe stellt – den anderen überlegen ist. Für diese Position gibt es keine Grundlage außer der Willkür, denn wir leiten unsere moralische Überlegenheit aus unseren eigenen Prämissen her.«[40]

Die Universalität der Menschenrechtslehre anzufechten heißt jedoch nicht, daß man mit jeder politischen, kulturellen oder gesellschaftlichen Praxis einverstanden sein müßte, nur weil sie existiert. Die Anerkennung der Freiheit aller Völker und Kulturen, selbst über die Gesetze zu entscheiden, die sie annehmen wollen, und die ihnen eigenen Gebräuche und Praktiken zu bewahren, hat nicht ihre automatische Billigung zur Folge. Die Freiheit, sich ein eigenes Urteil zu bilden, bleibt bestehen, nur kann der Schluß, den man daraus zieht, ein anderer sein. Nicht das Recht auf Selbstbestimmung ist zu verurteilen, sondern allenfalls der Gebrauch, den ein Individuum oder eine Gruppe von dieser Freiheit macht.

Es geht keineswegs darum, eine relativistische Haltung einzunehmen – die sowieso unhaltbar ist –, sondern es geht um eine pluralistische. Es gibt eine Vielzahl von Kulturen, die alle unterschiedlich mit dem menschlichen Verlangen nach Freiheit und körperlicher Unversehrtheit umgehen. Manche dieser Umgangsweisen mögen uns zu Recht fragwürdig erscheinen. Sie zu verurteilen – und uns zu weigern, sie unsererseits zu übernehmen – ist vollkommen normal. Zugleich müssen wir eingestehen, daß eine Gesellschaft sich nur in eine Richtung entwickeln kann, die wir für günstig halten, wenn sie von ihren eigenen kulturellen Realitäten und gesellschaftlichen Praktiken ausgeht. Und wir müssen anerkennen, daß es keine übergreifende Instanz gibt, keine allumfassende Perspektive, von der aus sich alle Widersprüche auflösen lassen, die sich aus diesen Erkenntnissen ergeben.

Raimundo Panikkar hat im übrigen überzeugend dargelegt, daß sich in allen Kulturen unschwer »homöomorphe Entsprechungen« des Menschenrechtsbegriffs feststellen lassen. Diese Entsprechungen – in Indien *dharma*, in China *li* (Ritus) – sind weder »Übersetzungen« noch Synonyme, sondern die der jeweiligen Kultur eigene Antwort auf das gleiche Bedürfnis.

Joseph de Maistre hat in einer vielzitierten Passage gesagt, er habe in seinem Leben viele unterschiedliche Menschen getroffen, aber nie den Menschen an sich. Trotzdem leugnet er nicht die Existenz einer menschlichen Natur. Er behauptet lediglich, daß es keinen Moment gibt, in dem sich diese Natur im Reinzustand, von jedem Kontext unabhängig erfassen läßt – die Zugehörigkeit zur Menschheit wird immer durch eine Kultur oder eine Gruppe vermittelt. Daraus zu schließen, daß die menschliche Natur nicht existiert, wäre ein Irrtum: Daß die objektive Realität nicht von einem Kontext oder einer Interpretation zu trennen sei, soll nicht heißen, daß sie sich auf diesen Kontext beschränkt, daß sie jenseits dieser Interpretation nichts bedeutet. »Es gibt etwas von Natur aus Rechtes«, so Eric Weil, »aber es ist überall verschieden. Überall verschieden: In einer traditionellen Gemeinschaft ist es nicht dasselbe wie in einer politischen Ordnung tyrannischer Art oder in einer modernen Gesellschaft. Daraus zu folgern, daß das Naturgegebene nur bei uns existiert, wäre genauso absurd wie die Behauptung, das Problem eines von Natur aus Rechten müßte, könnte oder würde sich überall stellen.«[41]

In *Fragile humanité*[42] postuliert die Philosophin Myriam Revault d'Allonnes eine interessante Phänomenologie der menschlichen Beschaffenheit. Anstelle der subjektiven Konstruktion des anderen stellt sie eine relationale Perspektive in den Vordergrund. Aus dieser Sicht ist das »menschliche Bewußtsein« vor allem die Fähigkeit, Erfahrungen auszutauschen. Menschlichkeit, sagt sie, ist keine funktionale Kategorie, sondern eine »Veranlagung, die Welt zu bewohnen und zu teilen«.[43] Daraus läßt sich folgern, daß Menschlichkeit sich nicht als einheitliche Größe darbietet, sondern auf dem Grundsatz des Miteinander-Teilens beruht.

1 »La notion des droits de l'homme est-elle un concept occidental?«, in: Diogène, Paris, Oktober/Dezember 1982, S. 88. Nachgedruckt in La Revue du MAUSS, Paris, 1. Halbjahr 1999, S. 211–235.

2 Zu der schwierigen Frage, wie sich Individual- mit Kollektivrechten, die Menschenrechte mit der Achtung der kulturellen Vielfalt vereinbaren lassen, vgl. vor allem: Les droits culturels en tant que droits de l'homme. Unesco, Paris 1970; A. J. M. Milne, Human Rights and Human Diversity. An Essay in the Philosophy of Human Rights. Macmillan, London 1986; Ludger Kühnhardt, Die Universalität der Menschenrechte. Studie zur ideengeschichtlichen Bestimmung eines politischen Schlüsselbegriffs. Günter Olzog, München 1987; Alison Dundes Renteln, International Human Rights. Universalism Versus Relativism. Sage, London-Newbury Park 1990; Wolfgang Schmale (Hrsg.), Human Rights and Cultural Diversity. Keip, Goldbach 1993. Vgl. auch Adamantia Pollis und Peter Schwab, »Human Rights: A Western Construct with Limited Applicability?«, in: A. Pollis und P. Schwab (Hrsg.), Human Rights. Cultural and Ideological Perspectives. Praeger, New York 1980, S. 1–18; Axel Honneth, »Is Universalism a Moral Trap? The Presuppositions and Limits of a Politics of Human Rights«, in: James Bohman und Matthias Lutz-Bachmann (Hrsg.), Perpetual Peace. Essays on Kant's Cosmopolitan Ideal. MIT Press, Cambridge 1997, S. 155–178.

3 Der Verlust der Tugend. Zur moralischen Krise der Gegenwart. Frankfurt/M., Suhrkamp 1997, S. 98.

4 Vgl. Georges H. Bousquet, Précis de droit musulman. Armand Colin, Paris 1963.

5 S. S. Rama Rao Pappu, »Human Rights and Human Obligations. An East–West Perspective«, in: Philosophy and Social Action, November/Dezember 1982, S. 24.

6 Vgl. Chung-Shu Lo, »Human Rights in the Chinese Tradition«, in: Unesco (Hrsg.), Human Rights. Comments and Interpretations – A Symposium. Allan Wingate, London 1950; John C. H. Wu, »Chinese Legal and Political Philosophy«, in: Charles A. Moore (Hrsg.), The Chinese Mind. University of Hawaii Press, Honolulu 1967; Joanne R. Bauer und Daniel A. Bell, The East Asian Challenge for Human Rights. Cambridge University Press, Cambridge 1999.

7 Vgl. David Little, John Kelsay und Abulaziz Sachedina, Human Rights and the Conflicts of Culture. Western and Islamic Perspectives on Religious Liberty. University of South Carolina Press, Columbia 1988; Ann Elizabeth Mayer, Islam and Human Rights. Tradition and Politics, 3., überarb. Auflage, Westview Press, Boulder (Colorado) 1999.

8 La démocratie planétaire: un rêve occidental? Sépia, Saint-Maur des Fossés 1999, S. 9. In der Dritten Welt, so Mappa weiter, zeigt

sich die Ablehnung des Individualismus in der »Tendenz vieler Gesellschaften zu Polytheismus und Polygamie. Das Ideal eines einzigen Gottes und einer einzigen Liebe, das dem Westen so lieb und teuer ist, wird hier kaum geteilt« (Ebenda, S. 18).

9 Weder die afrikanische Bevölkerung der Antillen noch die Afroamerikaner praktizieren diese Form der Beschneidung. In den Vereinigten Staaten bleibt die sexuelle Verstümmelung durch Beschneidung allein den Männern vorbehalten.

10 Die Steinigung von Ehebrecherinnen ist kein spezifisch muslimischer Brauch. Auch in Israel (3. Mose 20,10; 5. Mose 22,22–24) war sie üblich, und zwar noch zu Jesu Lebzeiten (Joh. 8,3–6).

11 A.a.O., S. 98.

12 Ebenda, S. 100.

13 »Ten Counter-Theses on New Class Ideology. Yet Another Reply to Rick Touchstone«, in: Telos, New York, Frühling 2001, S. 146.

14 Ebenda, S. 150.

15 Zitiert in: Edmond Jouve, Le droit des peuples, PUF, Paris 1986, S. 7.

16 Unter der Schirmherrschaft von Oberst Gaddafi wurde am 14. Mai 1977 in Libyen eine »grüne« Menschenrechtserklärung verabschiedet. Auf dem Gipfel der Organisation für Afrikanische Einheit (OUA) wurde am 28. Juni 1981 in Nairobi die Afrikanische Charta der Menschen- und Völkerrechte verabschiedet. Wenige Monate später, am 19. September 1981, folgte in den Räumlichkeiten der Unesco eine Universelle Islamische Menschenrechtserklärung. Letztere beruft sich auf den Koran und bekräftigt vor allem das Recht auf Religionsfreiheit (Art. 13).

17 »Anthropologie juridique: aux confins du droit«, in: Sciences humaines, Paris, Mai 1992, S. 33.

18 Die Frage des Selbstbestimmungsrechts der Völker stößt darüber hinaus auf ein altes Problem: die Definition von »Volk« im internationalen Recht und seine rechtliche Unterscheidung vom Begriff des Staates, die unumgänglich wird, wenn man Minderheitenrechte schützen will. Vgl. dazu Alain Fenet (Hrsg.), Droits de l'homme, droits des peuples. PUF, Paris 1982.

19 A.a.O., S. 108.

20 Jacques Julliard behauptet gar, das Selbstbestimmungsrecht der Völker sei »zum wichtigsten Instrument der Unterdrückung der Menschenrechte geworden« (Le Tiers-monde et la gauche. Seuil, Paris 1979, S. 38). Ähnlich wird das Recht auf Andersheit von Sélim Abou, einem überzeugten Anhänger der kulturellen Angleichung, kritisiert, dessen »Culture et droits de l'homme« (Hachette-Pluriel, Paris 1992) Lévi-Strauss vehement angreift. Derselbe Autor behauptet, daß »die Menschenrechte ihre Grundlage in der vernünftigen

Natur des Menschen finden, da die Vernunft Freiheit für sich und für andere fordert und diese Forderung ein unveräußerliches Recht darstellt« (S. 75).

**21** »Droits de l'homme«, in: L'Express, Paris, 30. September 1988, S. 55.

**22** Le Monde, Paris, 30. November 1993, S. 2.

**23** »Power, Principles and Human Rights«, in: The National Interest, New York, Sommer 2002, S. 117.

**24** Vgl. zum Beispiel Michael J. Perry, »Are Human Rights Universal? The Relativist Challenge and Related Matters«, in: Human Rights Quarterly, August 1997, S. 461–509.

**25** A.a.O., S. 94–96.

**26** Adamantia Pollis und Peter Schwab, a.a.O.

**27** »Pensée sociologique et droits de l'homme«, in: Études politiques. Gallimard, Paris 1972, S. 232.

**28** Elemente und Ursprünge totaler Herrschaft. Europäische Verlagsanstalt, Frankfurt/M. 1955, S. 467.

**29** A.a.O., S. 95–96.

**30** Ebenda, S. 98.

**31** »Refonder la politique étrangère française«, in Le Monde diplomatique, Paris, Dezember 2000, S. 3.

**32** A.a.O., S. 97.

**33** Le regard éloigné. Plon, Paris 1983, S. 378.

**34** »Ich akzeptiere nicht vorbehaltlos die französische Ideologie des ›Interventionsrechts‹«, so Hubert Védrine. »Vor allem deshalb nicht, weil das wirklich sehr an die ›Zivilisationspflicht‹ der französischen Kolonisatoren im 19. Jahrhundert sowie an Rudyard Kiplings ›Bürde des weißen Mannes‹ erinnert« (a.a.O., S. 3).

**35** Les droits de l'homme et le nouvel occidentalisme. Sonderausgabe von L'Homme et la société, Paris, 1987, 3–4, S. 7. Vgl. auch Rino Genovese, La tribù occidentale. Bollati Boringhieri, Turin 1995.

**36** A.a.O., S. 9–10.

**37** Le sentiment d'exister. Ce soi qui ne va pas de soi. Descartes et Cie, Paris 2002, S. 454–455.

**38** A.a.O., S. 228.

**39** Ebenda, S. 232.

**40** Les droits de l'homme. Origines et aléas d'une idéologie moderne. Cerf, Paris 2001, S. 140.

**41** »Du droit naturel«, in: Essais et conférences. Plon, Paris 1970, S. 193.

**42** Aubier, Paris 2002.

**43** Ebenda, S. 37.

# Was kommt nach den Menschenrechten?

Von Augustin Cochin bis Joseph de Maistre, von Edmund Burke bis Karl Marx, von Hannah Arendt bis Michel Villey haben die meisten Kritiker der Menschenrechtslehre an ihr den Universalismus und den abstrakten Egalitarismus bemängelt. Außerdem haben sie darauf aufmerksam gemacht, daß diese Ideologie zu Nivellierung und Vereinheitlichung zu führen droht, indem sie den Menschen, dessen Rechte sie ausruft, aller konkreten Merkmale beraubt. Wenn man einräumt, daß die Menschenrechte hauptsächlich die Autonomie des Individuums gewährleisten sollen, kommt man nicht umhin, hier einen Widerspruch zu sehen.

Die Gefahr, daß die Menschenrechte wirkungslos werden, liegt vor allem in ihrer Abstraktion. Denn es ist widersprüchlich, zugleich den absoluten Wert des Individuums und die Gleichheit der Individuen im Sinne einer fundamentalen Identität zu behaupten. Wenn alle Menschen den gleichen Wert haben, wenn alle grundsätzlich dieselben sind, wenn jeder ein »Mensch wie alle anderen« ist, ist man weit davon entfernt, die einzigartige Persönlichkeit jedes einzelnen unter ihnen erkennen zu können. Sie erscheinen nicht etwa unersetzlich, sondern im Gegenteil austauschbar. Wenn sie sich nicht durch ihre speziellen Qualitäten unterscheiden, wird ihre größere oder kleinere Quantität zum einzigen Unterschied. Die abstrakte Gleichwertigkeit widerspricht, mit anderen Worten, zwangsläufig der Behauptung der absoluten Einzigartigkeit jedes Subjekts: Kein Mensch kann zugleich »einzigartig« und fundamental identisch mit jedem anderen sein. Umgekehrt kann man nicht den einzigartigen Wert eines Individuums behaupten, ohne seine persönlichen Merkmale – also das, was ihn von anderen unterscheidet – zu berücksichtigen. Eine Welt, in der alle gleich viel wert sind, ist keine Welt, in der »nichts ein Menschenleben wert ist«, sondern eine Welt, in der ein Menschenleben nichts wert ist.

Alexis de Tocqueville, der einen direkten Zusammenhang zwischen dem steigenden Wert der Gleichheit und dem Risiko der gesellschaftlichen Vereinheitlichung sah, hat dieses Problem vorausgeahnt.[1] In der jüngeren Vergangenheit wurde es von Hannah Arendt aufgegriffen. Arendt zeigt, daß man die Verletzlichkeit des Menschen erhöht, indem man ihn als reine Abstraktion setzt. »Dies abstrakte Menschenwesen [...] ist gleichsam das genaue Gegenbild des Staatsbürgers, dessen Ungleichheit und Differenziertheit dauernd innerhalb der politischen Sphäre von dem großen Gleichmacher aller Unterschiede, der Staatsbürgerschaft selbst, eingeebnet werden; denn wiewohl der Rechtlose nichts ist als ein Mensch, ist er doch dies gerade nicht durch die gegenseitig sich garantierende Gleichheit der Rechte, sondern in seiner absolut einzigartigen, unveränderlichen und stummen Individualität, der der Weg in die gemeinsame und darum verständliche Welt dadurch abgeschnitten ist, daß man ihn aller Mittel beraubt hat, seine Individualität in das Gemeinsame zu übersetzen und darin auszudrücken. Er ist gleichzeitig der Mensch und das Individuum überhaupt, das allerallgemeinste und das allerspeziellste, das beides gleichermaßen abstrakt ist, weil es gleichermaßen weltlos bleibt.«[2]

Mit Bezug auf Arendts These betont André Clair den »Zusammenhang zwischen der Behauptung abstrakter universeller Rechte und dem Versagen der Menschenrechte, die elementarste Achtung der menschlichen Wesen als Personen zu gewährleisten. Was die Menschenrechtsdoktrin mit ihrer These der abstrakten Gleichheit verkennt, ist gerade, daß es ohne die Anerkennung der Unterschiede zwischen den Menschen keine wirklichen Rechte gibt. Darin liegt der Witz ihrer

These: Die Menschenrechte können nur Rechte auf Einzigartigkeit sein [...] Selbstverständlich folgt daraus eine Bedingtheit dieser Rechte, die an ihre tatsächliche Wirksamkeit in einer historischen Gemeinschaft gebunden ist. Noch mehr aber geht es um eine metaphysische These, die der ontologischen Differenz: Das Recht hat seinen Ursprung nicht im Menschen, geschweige denn in einer allem zugrunde liegenden universellen Subjektivität, sondern es ist ein Bestandteil der Welt; das ist die ontologische Differenz, die die Behauptung der abstrakten Gleichheit verkennt, die allein den Menschenrechten ihre volle Bedeutung gibt [...] Es geht keineswegs um ein absolutes Recht jedes Menschen auf Andersheit, sondern um die Einsicht, daß nur solche Rechte tatsächlich wirksam sind, die in den Traditionen und Weltbildern der Gemeinschaften wurzeln.«[3]

An dieser Stelle wäre es einfach, darauf hinzuweisen, daß dieselbe Gesellschaft, die die Rechte des Individuums am lautstärksten proklamierte, diejenige war, die in Wirklichkeit die mächtigsten Mechanismen kollektiver Heteronomie schuf. Die beiden Phänomene sind, wie wir heute wissen, nicht voneinander zu trennen, nicht zuletzt weil allein der Staat, der schnell zum Wohlfahrtsstaat wurde, imstande war, die verheerenden Auswirkungen des Individualismus auf das gesellschaftliche Gewebe abzuschwächen. Das Eingreifen des Staates in alle Lebensbereiche widerspricht der Willensfreiheit, auf die sich doch die Verantwortung der Rechtssubjekte gründen soll.

»Die Emanzipation der Individuen aus den ursprünglichen Verpflichtungen, die sie an das Ordnungsprinzip einer bestehenden Gemeinschaft fesselten und sich in sehr starken hierarchischen Banden zwischen den Menschen niederschlugen«, bemerkt der Historiker und Philosoph Marcel Gauchet, »bewirkte nicht etwa eine schwindende Rolle der Obrigkeit, wie man annehmen sollte, sondern hat im Gegenteil dazu beigetragen, die Rolle der Obrigkeit auszuweiten. Die nicht zu verleugnende Handlungsfreiheit, die den Individuen auf allen Ebenen zuteil wurde, hat – über die Sphäre der zivilen Autonomie hinaus – die Entstehung eines Verwaltungsapparats, der im großen wie im kleinen immer mehr den kollektiven Kurs bestimmt, keineswegs behindert, sondern im Gegenteil regelrecht begünstigt [...] Je mehr sich die Menschenrechte im Gesellschaftsverständnis niederschlagen, desto mehr nimmt die Ordnungsmacht der Staatsbürokratie den Menschen – unter dem Vorwand, ihnen die Ausübung ihrer Rechte zu ermöglichen – die Fähigkeit, von ihnen Gebrauch zu machen.«[4]

Wie steht es heute also mit der »Herrschaft der Menschenrechte«? Im derzeitigen Klima wird die Frage nach den Fundamenten praktisch nicht mehr gestellt. Zeitgenössische Denker gründen die Menschenrechte nicht auf die menschliche Natur, weil man inzwischen weiß, daß kein »Naturzustand« je dem gesellschaftlichen Leben vorausging, und vor allem weil man begriffen hat, daß die »Natur«, die uns durchaus einiges beizubringen hätte, in eine ganz andere Richtung weist als die Menschenrechte. Trotzdem sind sie keine Kantianer geworden. Eher geht es ihnen darum, den Begriff der »Würde« zu bewahren und ihn von jeder Vorstellung des Moralgesetzes zu trennen. »Die Würde des anderen Menschen zu achten«, so Pierre Manent, »bedeutet nicht mehr, die Achtung zu achten, die er seinerseits dem Moralgesetz entgegenbringt. Heute bedeutet es zunehmend, die Entscheidungen – wie immer sie aussehen – zu respektieren, die er in der Verwirklichung seiner Rechte trifft.«[5]

Genauer gesagt besteht die derzeitige Tendenz darin, Forderungen, Begehren oder Interessen aller Art in »Rechte« umzuwandeln. Treibt man dies auf die Spitze, hätten Individuen das »Recht«, sämtliche Gelüste zu befriedigen – aus dem einfachen Grund, daß sie in der Lage sind, sie zu formulieren. Rechte in Anspruch zu nehmen ist heute nur eine Art und Weise, den eigenen Nutzen zu maximieren. Der Konsument von Rechten entspricht somit dem wirtschaftlichen Ideal des Menschen, der nur um die Vermehrung seines Nutzens bemüht ist. »Der Homo oeconomicus auf der Suche nach seinem Nutzen«, stellt Guy Roustang fest, »hat sein Pendant im Bereich der Politik: das Individuum, das sich über seine Rechte definiert.«[6] Aus diesem Grund fällt es dem Bürger immer schwerer, seinen Platz in einer Gesellschaft zu finden, die politisch nach dem Vorbild des selbstregulierten Marktes aufgebaut ist. Auf einen Katalog von als Bedürfnissen verbrämten

Begehren reduziert, wuchern die Rechte immer weiter, ohne sich mit einer stichhaltigen Existenzberechtigung zu belasten. Diese Inflation der Rechte führt zu dem, was Michael J. Sandel als »verfahrensrechtliche Republik« bezeichnet, und zur Verehrung der Figur des »unabhängigen Individualisten« (Fred Siegel).[7] Befinden wir uns somit noch in einer Gesellschaft, die »die Menschenrechte achtet«, oder in einer, die beschlossen hat, jedes Begehren als Recht gelten zu lassen und alle Lebensstilentscheidungen, alle Lebensinhalte, alle Vorlieben und Orientierungen »anzuerkennen«, solange sie andere nicht zu sehr in deren Entscheidungen und Vorlieben beeinträchtigen? Läuft die Anerkennung der Menschenrechte darauf hinaus, daß jede Neigung als gerechtfertigt zu betrachten ist?

Auf jeden Fall führt die Banalisierung der Rechte zu ihrer Abwertung. »Dieser grenzenlose Pluralismus«, so Simone Goyard-Fabre, »verursacht einen tragischen Sinnverlust: in der Justiz, weil der Begriff des Rechts sich in unkontrolliertem Wucher endloser Forderungen auflöst; ontologisch, weil der Mensch seine persönliche Verantwortung zugunsten einer angeblich kollektiven Verantwortung aufgibt, was Verantwortungslosigkeit nach sich zieht [...]; axiologisch, weil in der totalen Permissivität, die am Ende der maßlosen Überproduktion von Rechten steht, die Gefahr angelegt ist, daß Maßlosigkeit und Ausschweifung alle Beschwerden in einem nihilistischen Rausch auf die Spitze treiben.«[8]

Eine andere Folge der Sonderstellung des Individuums und seiner Rechte ist der außerordentliche Machtzuwachs der Justiz, der man mittlerweile zutraut, selbständig das politische Leben zu regeln und für sozialen Frieden zu sorgen. Schon Tocqueville sagte, in den USA gebe es kaum eine politische Frage, die nicht früher oder später vor Gericht landet. Mit der Zeit hat sich diese Tendenz auf sämtliche westlichen Staaten ausgeweitet. Die Befugnisse der Richter nehmen ständig zu, und gesellschaftliche Beziehungen werden immer mehr von rechtlichen Erwägungen bestimmt. »Der politische Raum wird schlichtweg zu einem Ort, an dem die Individuen [...] – verstanden als vernünftig handelnde Subjekte, die von ihrem persönlichen Interesse bewogen werden, ohne jedoch gegen die Moral zu verstoßen – ihre Forderungen bereitwillig einem Urteilsverfahren unterwerfen, das sie als gerecht empfinden.«[9]

Das Problem ist, daß die Menschenrechtserklärungen, eben weil sie allumfassend sein wollen, im Vergleich zu den Gesetzen eines Landes zwangsläufig verschwommen sind. Die Schwierigkeit besteht darin, sie in positives Recht zu übersetzen, ohne den Konsens zu gefährden, auf dem sie beruhen. Pierre Manent hat dieses Paradox klar aufgezeigt: »Will man die Rechtsprechung in Zukunft hauptsächlich auf die Menschenrechte stützen, dann wird man die Art und Weise der Urteilsfindung nicht festlegen können. Das Willkürliche, das unsere Regime gerade ausschalten wollten, indem sie die Prüfung der Verfassungswidrigkeit einführten, wird dadurch wachsen und wird paradoxerweise auf das Konto der Richter gehen. Keine Gewalt, die entdeckt, daß sie willkürlich handeln kann, wartet lange, bevor sie diese Bewegungsfreiheit nutzt und mißbraucht. Sie wird tendenziell despotisch.«[10]

Die internationale Rechtsordnung, die aus dem Westfälischen Frieden von 1648 hervorging, wird heute ebenfalls von der Ideologie der Menschenrechte über den Haufen geworfen. Diese rechtfertigt das Recht (oder die Pflicht) der »humanitären Intervention«, das heißt des Präventivkriegs, der den alten Regeln gemäß als Angriffskrieg galt. Nicht nur gibt es für dieses Recht auf humanitäre Intervention keinerlei völkerrechtlichen Präzedenzfall, es verstößt auch eindeutig gegen die Charta der Vereinten Nationen.[11] Es legt nahe, daß jeder Staat sich unter dem Vorwand, »Menschenrechtsverletzungen« zu verhindern, nach eigenem Gutdünken in die inneren Angelegenheiten jedes anderen Staates einmischen kann. Somit rechtfertigt es einen politisch-militärischen Interventionismus, dem die Entkolonisierung theoretisch ein Ende bereitet hatte. Es erlaubt Staaten oder Instanzen, die vorgeben, im Namen einer nebulösen »internationalen Gemeinschaft« zu handeln, ihre Weltsicht überall aufzuzwingen, ohne akzeptierte oder demokratisch ratifizierte kulturelle Präferenzen oder politische und gesellschaftliche Praktiken zu berücksichtigen. Das Risiko der Entgleisung einer solchen Doktrin, die endlosen Kriegen den Weg ebnet, ist offensichtlich – aus Kriegsrecht, *ius in bello*, wird Recht auf Krieg, *ius ad bellum*.

Die Vorstellung einer grenzüberschreitenden Justiz ist sicherlich verführerisch. Dennoch muß man einsehen, daß sie auf unüberwindliche Hindernisse stößt. Das Recht darf der Politik nicht davontreiben. Es kann nur im Inneren einer politischen Gemeinschaft geltend gemacht werden oder aus dem Beschluß mehrerer politischer Einheiten resultieren, sich in einer Art und Weise miteinander zu verbinden, die ihnen günstig scheint. Das bedeutet, daß das Recht auf humanitäre Intervention nur ein Trugbild sein kann, solange es keine Weltregierung gibt.

Jede Justiz bedarf einer politischen Macht, die ihr zumindest als ausführende Gewalt dient. Ohne eine Weltregierung kann die Macht, die sich berufen fühlt, die Rolle einer Weltpolizei zu spielen, nur diejenige sein, die über so mächtige Waffen verfügt, daß kein Widerstand gegen sie möglich ist. Weil Streitkräfte immer im Dienst einzelner Staaten stehen, läuft dies darauf hinaus, die Hegemonie von Supermächten zu sanktionieren. Es wäre naiv anzunehmen, daß diese nicht zuvorderst ihre eigenen Interessen verfolgen, sosehr sie ihre Aggressionen auch unter dem Deckmantel der Moral und des Rechts verhüllen mögen. Daraus folgt, daß nur die Schwachen bestraft werden können, während die Starken, die wenig geneigt sein werden, ihre eigenen Verstöße zu ahnden, keine Strafe zu fürchten brauchen.[12] Eine Gerechtigkeit, die nicht für alle dieselbe ist, verdient diese Bezeichnung nicht. Unter Berufung auf das von Proudhon geprägte Wort »Wer Menschheit sagt, will betrügen« bemerkte Carl Schmitt bereits, daß »›Menschheit‹ ein besonders brauchbares Instrument imperialistischer Expansionen und in ihrer ethisch-humanitären Form ein spezifisches Vehikel des ökonomischen Imperialismus« sei.[13] Menschheit ist kein politischer Begriff. Eine »Weltpolitik der Menschenrechte« ist somit von vornherein ein logischer Widerspruch.

Die Vorstellung, daß in der Politik aus Gutem nur Gutes folgen kann, mißachtet das von Max Weber so genannte Paradox der Konsequenzen. Die Geschichte zeigt, daß die besten Absichten katastrophale Wirkungen zeitigen können. Sie zeigt auch, daß das Recht auf Intervention nie irgendein Problem löst, sondern im Gegenteil dazu neigt, die Probleme zu vervielfachen. Das hat man im Kosovo genauso gesehen wie in Afghanistan oder im Irak. Die Demokratie und die Freiheiten lassen sich nicht von außen aufzwingen, schon gar nicht über Nacht. Ihre Einführung kann nur durch eine innere Entwicklung, nicht durch eine erzwungene Bekehrung geschehen. Überdies verschwinden die im Namen der Menschenrechte angegriffenen oder ausgehebelten politischen Mächte nicht zugunsten einer friedlicheren und gerechteren Welt, sondern zugunsten wirtschaftlicher und finanzieller Mächte, die Ungleichheiten und gesellschaftliche Spannungen erzeugen – zugunsten der noch willkürlicheren Herrschaft von multinationalen Unternehmen und Finanzmärkten. »Die Ideologie der Menschenrechte«, konstatiert Alain Bertho, »ist weniger ein Aufruf zur Volksbefreiung als zur staatlichen Regulierung.«[14]

Kaum hatte die Revolution die Menschenrechte ausgerufen, setzte sie den Terror ein, um sie wirkungsvoller durchzusetzen. Zwischen 1792 und 1801 verfolgte Frankreich im Namen der »Freiheit« eine Politik der Besatzung, der Annexion und der Eroberung. Das Recht auf humanitäre Intervention ist nicht minder kriegerisch.

»Es ist nicht auszuschließen«, warnte Julien Freund, »daß der Tag kommen wird, an dem die Menschen sich im Namen gleichermaßen löblicher Auslegungen der Menschenrechte bekämpfen, so wie sie einst für einen ›besseren Frieden‹ in den Krieg zogen.«[15] Genau an diesem Punkt befinden wir uns heute. Bernard Kouchner, der sich noch vor nicht allzu langer Zeit brüstete, er sei »immer auf der Seite derjenigen, die die Bomben treffen, und nicht auf der Seite derjenigen, die sie werfen«, erklärt heute: »Ein Präventivkrieg ist eine Vorstellung, die mir nicht nur äußerst gerecht erscheint, sondern die auch dem nahekommt, was wir in Absprache mit anderen als Interventionspflicht und dann als Recht formuliert haben.«[16] Das Recht auf Intervention dient aber nicht nur zur Rechtfertigung des Präventivkriegs. Indem es den Kriegen, die es auslöst, einen moralischen Charakter verleiht, indem es sie als »gerechte Kriege« darstellt, kriminalisiert es den Gegner, stellt ihn als Verkörperung des Bösen hin: Wer im Namen der Menschlichkeit Krieg führt, muß seine Feinde zu Unmenschen machen. Der »gerechte Krieg« ist zwangsläufig ein totaler Krieg.

*

Die Lehre, der zufolge die Menschenrechte in der menschlichen Natur angelegte Eigenschaften sind, betrachtet das Individuum bekanntlich als autark. » Grundrechte im eigentlichen Sinn«, so Carl Schmitt, »sind also nur die liberalen Rechte der Einzelperson.«[17] Daß den Menschenrechten keine Pflichten entsprechen, liegt daran, daß sie als Eigenschaften eines isolierten Individuums gesetzt werden, eines aus allen Abhängigkeiten gelösten Subjekts, das seine Daseinsberechtigung wesentlich in sich selbst finden muß. Dieser Individualismus war von Anfang an so stark ausgeprägt, daß die Erklärung der Rechte von 1789 nicht nur die Versammlungsfreiheit, sondern auch jede Form des kollektiven Rechts ignoriert. Ihre Autoren verurteilen sogar ausdrücklich sämtliche Vereinigungen auf beruflicher Grundlage (Gesetz Le Chapelier, d'Allarde-Dekret). Heute werden Kollektivrechte zwar anerkannt, doch die Menschenrechte gelten stets als Rechte, deren Verwirklichung letztlich das Individuum betrifft – und das, obwohl sich einige dieser Rechte nur kollektiv verwirklichen lassen.

»Der Humanismus der Neuzeit ist ein abstrakter Subjektivismus«, schreibt der französische Philosoph Jean-Louis Vullierme. »Er stellt sich die Menschen als vorgefertigte Individuen vor, als Körper, die universell über dieselben Eigenschaften verfügen und imstande sind, unter allen Umständen gemäß förmlichen Regeln, die sich aus einer einheitlichen Rationalität herleiten lassen, dieselben Ansprüche geltend zu machen.«[18] Dieser Individualismus oder Atomismus impliziert ein kontraktualistisches Gesellschaftsverständnis. Wenn man nur von Individuen ausgeht, läßt sich die Bildung von Gesellschaften nur durch den Abschluß von Verträgen erklären, ein typisch privatrechtliches Verfahren: Vor der Entstehung des Marktes stellt der Vertrag den einzigen Weg dar, die unermeßliche Schwierigkeit zu umgehen, die darin liegt, die Legitimität einer Gesellschaft auf den Grundsatz der Unabhängigkeit des Individuums zu stützen, also auf »den asozialsten Grundsatz, den es gibt«[19]. Dennoch ändert der Gesellschaftsvertrag der Menschenrechtslehre zufolge die Natur der Individuen nicht. Die Gesellschaft bleibt eine Summe individueller Atome mit souveränen Willen, die alle gleichermaßen von dem vernünftigen Trachten nach ihrem jeweiligen Eigennutz getrieben werden. Jeder Vertragsteilnehmer legt seine eigenen Ziele fest und gehört der Gesellschaft auf rein instrumenteller Basis an. Anders gesagt existiert in Wirklichkeit nur das Individuum, während die Gesellschaft oder die Gruppe nur eine Abstraktion, ein trügerischer Schein oder eine sekundäre, überschüssige Realität ist.

Für die Theoretiker der Menschenrechte hat die Politik nichts Natürliches. In bezug auf den Naturzustand bildet sie einen künstlichen oder künstlich hinzugefügten Überbau. Ihre Daseinsberechtigung liegt darin, daß sie dem Individuum zu Diensten steht und davon absieht, sich als kollektive Aktion zu definieren: »Das Ziel jeder politischen Vereinigung«, so steht es in Artikel 2 der Erklärung der Rechte von 1789, »ist der Schutz der natürlichen und unantastbaren Rechte des Menschen.« Innerhalb der Gesellschaft definiert der Mensch sich demnach nicht zuvorderst als Staatsbürger (Citoyen), sondern als Mitglied der »Zivilgesellschaft« (oder Privatsphäre), die ihrerseits als der Teil der Gesellschaft definiert ist, der mit gutem Recht dem politischen Leben (oder der öffentlichen Sphäre) entzogen werden kann. Aus genau diesem Grund gibt die Menschenrechtslehre den Privatrechten des Individuums Vorrang. Wie Marcel Gauchet sagt, steht nicht »irgendeine Version der Menschenrechte zur Debatte, sondern eine genau definierte Version, die darin besteht, die Gebundenheit der Menschenrechte an die Person gegen die Verpflichtung des Staatsbürgers auszuspielen«.[20]

Zunächst scheint sich die Menschenrechtslehre lediglich gegen eine spezielle Politikform zu richten, nämlich gegen den Despotismus. In Wirklichkeit aber übt sie Kritik an jeder Form von Politik. Der Schlüsselgedanke ist der eines grundsätzlichen Gegensatzes zwischen dem Individuum und der Gemeinschaft oder Gruppe, der es angehört. Demzufolge ist das Individuum ständig von dem bedroht, was über seine individuelle Existenz hinausgeht, so daß es sich nur durch die Behauptung seiner Vorrechte als Individuum schützen kann. Weder die Gesellschaft noch die Familie noch die staatlichen Gewalten noch die gesellschaftlichen Beziehungen, geschweige denn die Kultur kann ihm Schutz bieten. Daraus ergibt sich die Notwendigkeit, individuellen Handlungen eine unverletzliche und »sakrosankte« Sphäre zu sichern.

Es ist also nicht übertrieben zu sagen, daß die Ausrufung der Menschenrechte von Anfang an in ein antipolitisches Weltbild eingebettet ist. Wie Carl Schmitt feststellt, folgt daraus »eine prinzipiell unbegrenzte Freiheitssphäre des einzelnen und eine prinzipiell begrenzte, meßbare und kontrollierbare Eingriffsmöglichkeit des Staates«.[21] Zugleich schafft die Menschenrechtslehre eine radikale Neuheit: eine Freiheit, die unabhängig von jeglicher Beteiligung an politischen Angelegenheiten ist, eine Freiheit des Individuums unabhängig von der Freiheit der politischen Gemeinschaft, der es angehört. Im Altertum hätte eine solche Vorstellung als »absurd, unmoralisch und eines freien Menschen unwürdig« (Carl Schmitt) gegolten. Wenn die Rechte grundsätzlich unbegrenzt sind, müssen die Pflichten begrenzt sein – da sie aus dem gesellschaftlichen Zusammenleben erwachsen, können sie nicht das Gegenstück zu Rechten bilden, die in der menschlichen Natur angelegt sind. Zudem wäre es aus der Perspektive der Menschenrechtslehre widersprüchlich, sich unbegrenzte Pflichten gegenüber Körperschaften vorzustellen, die das Individuum potentiell bedrohen. Diese Sichtweise spart bestimmte Fragen absichtlich aus, die Frage zum Beispiel, ob und unter welchen Umständen einer Gemeinschaft Rechte gegenüber den ihr angehörenden Individuen zustehen. Bestenfalls ist jegliche Einschränkung der Rechte durch die politische Gewalt nur als Ausnahmezustand zulässig.

Die Art und Weise, wie die Französische Revolution die Menschenrechte mit den Bürgerrechten zu vereinbaren suchte, liefert ein anschauliches Beispiel dafür, daß die Behauptung der Souveränität des Individuums zwangsläufig mit der politischen Struktur im Konflikt liegt – ein Problem, das in mancherlei Hinsicht an die alte Frage der Einheit zwischen Seele und Körper erinnert.

Artikel 2 der Erklärung von 1791 bekräftigt, daß der Zweck der Bürgerrechte einzig darin besteht, die Menschenrechte zu schützen. Diese Bestätigung wird in Artikel 1 der Erklärung von 1793 wiederholt. Das Revolutionsrecht zielt also offensichtlich darauf ab, subjektives und objektives Recht, Naturrecht und positives Recht zu vereinbaren, die Staatsbürgerschaft mit der Zugehörigkeit zur Menschheit zu verschweißen. Dennoch scheint der »natürliche« Mensch nur in seiner Eigenschaft als Bürger erfaßbar zu sein. Ein Grund dafür ist wohl, daß die Revolution eine bereits existierende Staatsgewalt ablöste, während die amerikanischen Grundrechtserklärungen unter völlig anderen Bedingungen darauf abzielten, aus Versatzstücken ein neues politisches Ganzes zu bauen.[22] Rousseau hatte sich seinerseits in einem berühmten Satz für das Primat des Bürgers ausgesprochen: »Wir müssen uns entscheiden, ob wir einen Menschen oder einen Bürger schaffen wollen; denn man kann nicht beides auf einmal machen.«[23] Die Verfasser der revolutionären Texte hielten selbst an einem zivilistischen Rechtsbegriff fest, der mit einem stark ausgeprägten Legizentrismus einherging. Das Bestreben, vorrangig die Rechte der Nation festzuschreiben, verstärkte diese Tendenz noch. Tatsächlich wurde die Verankerung der nationalen Souveränität schnell wichtiger als die der universellen Rechte des Individuums. »Die Nation«, so Mona Ozouf, »wird nicht als Zusammensetzung freier und gleicher Individuen gedacht, sondern erhält seit den ersten Tagen der Revolution eine absolute Priorität.«[24] Die Definition des Menschen als natürliches Subjekt, das Objekt einer positiven Gesetzgebung werden muß, um als Rechtssubjekt anerkannt zu werden, rechtfertigte so das Primat der Bürgerrechte – und erlaubte der Revolution, sich die Individuen politisch unterzuordnen. Karl Marx studierte die Definition der Menschen- und Bürgerrechte in der Erklärung von 1789 unter theoretischen Gesichtspunkten und kam seinerseits zu dem Schluß, daß die gemeinsame Entwicklung beider Bereiche im liberalen und bourgeoisen Recht zwar rhetorisch möglich, aber im Konkreten widersprüchlich ist, weil sie den Menschen in zwei Hälften teilt und ihm innerhalb der einzelnen Bereiche unterschiedliche Ziele zuordnet, die sich nicht miteinander versöhnen, geschweige denn vereinbaren lassen.

Genauso wie er sehr klar sieht, daß hinter dem Recht auf Arbeit die Macht des Kapitals steht, weiß Marx auch, daß die abstrakte Verallgemeinerung des »Menschen«, dessen Rechte man ausruft, vor allem das Spiel privater Interessen bedeutet. Aus diesem Grund kritisiert er den Formalismus der Menschenrechte und ihre Instrumentalisierung zugunsten der besitzenden Klasse, die als einzige in der Lage ist, mit ihren Gesetzen festzulegen, welche Grenzen der Freiheit jedes einzelnen zu setzen sind. Obwohl die Menschenrechte angeblich für alle gelten, blieben sie in Wirklichkeit hauptsächlich der Bourgeoisie vorbehalten. Laut Marx sind »die sogenannten Menschenrechte, die droits de l'homme im Unterschied von den droits du citoyen, nichts anderes [...] als die Rechte des Mitglieds der bürgerlichen Gesellschaft, das heißt des egoistischen Menschen, des vom Menschen und vom Gemeinwesen getrennten Menschen«.[25] Zu behaupten, der Zweck jeder politischen Vereinigung liege in der Sicherung der Menschenrechte, während die Bürgerrechte »zum bloßen *Mittel* für die Erhaltung dieser sogenannten Menschenrechte herabgesetzt« werden, stellt den Bürger in den Dienst des Egoisten, bis »endlich nicht der Mensch als *citoyen*, sondern der Mensch als *bourgeois* für den eigentlichen und wahren Menschen genommen wird«.[26]

Claude Lefort kritisiert Marx' These, um zu behaupten, im Gegenteil liege der Wert der Menschenrechte gerade in der Abstraktion, in ihrem ahistorischen und formellen Charakter. Dadurch sei gewährleistet, daß man sich in jeder denkbaren Situation auf sie berufen kann. Eben weil die Menschenrechte die Rechte eines unbestimmten Menschen sind, sagt Lefort, können sie ihrer Aufgabe gerecht werden: »Die Menschenrechte führen das Recht auf ein Fundament zurück, das seiner Benennung zum Trotz keine Gestalt hat. Ihm wohnt es angeblich inne und entzieht sich damit jeder Gewalt, die sich seiner bemächtigen wollte.«[27] Lefort erklärt allerdings nicht, wie derlei Rechte, derer sich keine »Gewalt« bemächtigen kann, geschützt und durchgesetzt werden könnten, wenn nicht in einem politischen Rahmen, der seinerseits eine solche Gewalt beinhaltet.

Dies wirft die allgemeinere Frage der Durchsetzung der Rechte auf. Die Menschenrechte stammen aus dem neuzeitlichen Naturrecht, nicht aus dem positiven Recht. Im Gegensatz zu letzterem beinhaltet das Naturrecht als solches keinerlei Druckmittel. Es ist ein »wehrloses« Recht, in der Neuzeit noch mehr als in der Antike, weil das neuzeitliche Naturrecht die soziale Natur des Menschen nicht anerkennt. Rechte, die als unveräußerliche Eigenschaften des Subjekts begriffen werden – Rechte also, deren Achtung jeder Mensch einfordern darf, nur weil er ein Mensch ist –, haben »an sich und in sich sowenig juridische Dimension wie Tragweite« (Simone Goyard-Fabre). Um diese erhalten zu können, müssen sie von den Regeln des positiven Rechts sanktioniert sein, die erst innerhalb einer Gesellschaft aufgestellt werden. Allein das positive Recht kann festlegen, wem diese Rechte zustehen sollen, wer durch ihre Mißachtung in welcher Hinsicht verletzt wird etc. Anders gesagt bekommen die subjektiven Rechte, die außerhalb jedes gesellschaftlichen Zusammenhangs gesetzt werden, erst im gesellschaftlichen Rahmen eine effektive Bedeutung. Das ist ein erstes Paradox. Régis Debray faßt es folgendermaßen zusammen: »Wer ein einfaches Individuum sein will, um ein Höchstmaß an Freiheit zu genießen, vergißt, daß es ohne ein staatliches Rechtswesen keine Menschenrechte gibt.«[28]

Ein zweites Paradox ergibt sich aus der Schwierigkeit, die darin liegt, die Menschenrechte über das positive Recht setzen zu wollen, so daß jede politische Gewalt mit ihrer Anerkennung beginnen muß, während die praktische Gültigkeit dieser Rechte zweifelsohne von der Fähigkeit derselben politischen Gewalt abhängt, sie durchzusetzen. Bentham wies schon auf die Aporie des Kontraktualismus hin, die Bürgerrechte auf die Menschenrechte zu gründen, obwohl letztere nur auf der Grundlage der ersteren tatsächlich existieren können. »Einerseits«, stellt Julien Freund fest, »wird die Achtung dieser Rechte mit demselben Anspruch verlangt, wie man die Verfügungen des positiven Rechts achtet. Andererseits gibt man mit mehr oder weniger Scharfsinn zu verstehen, daß die Gültigkeit dieser Rechte nicht von gewöhnlichen gesetzgebenden Instanzen abhängen dürfe, weil sie Universalität beanspruchen.«[29]

Noch allgemeiner gesprochen stellt sich an dieser Stelle die Frage der Beziehungen zwischen Politik und Recht. Wie wir gesehen haben, behauptet die Ideologie der Menschenrechte die Vorzeitigkeit des Naturrechts gegenüber der Gesellschaft und nimmt dies als Begründung, die Vorrechte des Politischen einzuschränken. Da das Recht an sich jedoch machtlos ist, verläßt es sich in seiner Durchsetzung stets auf etwas anderes als sich selbst. Wie Marcel Gauchet sagt, »aus rechtlicher Sicht läßt sich kein Rahmen ausmachen, innerhalb dessen das Recht herrschen kann. An dieser Stelle gilt es zu einer politischen Sichtweise überzugehen. Die Denkschranken, die eine Verankerung im Recht mit sich bringt, machen dies erforderlich.«[30]

Die Spannung zwischen den Menschenrechten und denen des Bürgers, das heißt des Menschen als Mitglied einer bestimmten politischen Gemeinschaft, macht sich erneut in den Debatten um die sogenannten Rechte »der zweiten Generation« bemerkbar, die Kollektiv- oder Sozialrechte also.

Diese Rechte der zweiten Generation (das Recht auf Arbeit, auf Bildung, auf medizinische Hilfe etc.) sind völlig anderer Natur als die Individualrechte. Oft werden sie als »Gleichheitsrechte« im Gegensatz zu den »Freiheitsrechten« bezeichnet, als »Anrechte auf« im Gegensatz zu den »Rechten zu« oder auch als »rights of recipience« im Gegensatz zu den »rights of action«.[31] Vor allem sind darunter die Rechte der Gesellschaftsmitglieder zu verstehen, staatliche Leistungen in Anspruch zu nehmen. Eher als naturgegebene Eigenschaften sind dies Zuweisungen, die eine bestimmte Gesellschaft ihren Mitgliedern in einem bestimmten Moment ihrer Geschichte schuldig zu sein glaubt. Nicht nur gehen sie »von einer gegliederten Zivilgesellschaft als Garant ihrer Durchsetzungsfähigkeit aus«[32], sondern sie beinhalten das Soziale genau in dem Maß, wie sie sich auf den Solidaritätsgedanken stützen. Diese Rechte lassen sich nicht aus der vorpolitischen Natur des Individuums ableiten. Anders als die Rechte der ersten Generation, die prinzipiell unbegrenzt sind (sie lassen sich nicht einschränken, ohne das zu beeinträchtigen, worauf sie sich gründen), sind sie begrenzt, weil jedes Anrecht gegenüber anderen von den vorhandenen Mitteln und Zuweisungskapazitäten abhängt.

Während die Individualrechte die Befugnisse des Staates eher einschränken, wird dieser zum bevorzugten Werkzeug der Inkraftsetzung von Kollektivrechten. Der Staat ist nicht länger verpflichtet, sich zurückzunehmen oder sich herauszuhalten, sondern er ist im Gegenteil zunehmend als Dienstleister gefordert. »Daß die Anerkennung von Sozialrechten einen ›Anrechtscharakter‹ hat«, so Jean-François Kervégan, »bedeutet, daß dem Gemeinwesen genug Macht über seine Mitglieder zuerkannt wird, um ihnen den Genuß dieser Rechte zu gewährleisten und sich über den eventuellen Widerstand und die Sonderinteressen derjenigen hinwegzusetzen, denen diese Maßnahmen schaden können.«[33]

Genau hier liegt der Grund für den Unwillen, den liberale Kreise den Kollektivrechten entgegenbringen, die sie allenfalls für »schöne Ideale« halten[34], das heißt für fromme, nicht wirklich gerechtfertigte Wünsche. Auch wenn sich einige dieser Rechte auf individuelle Ansprüche reduzieren lassen, lassen sich andere nicht auf den einzelnen umlegen: Sie beziehen sich nicht auf Individuen, sondern auf Gruppen. Das Recht eines Individuums, seine Sprache zu sprechen, ist zum Beispiel nicht von dem Recht auf die Existenz einer Gemeinschaft zu trennen, die diese Sprache verwendet, und dieses zweite Recht bedingt das erste. Der liberale Individualismus aber lehnt schon den Gedanken ab, ein Kollektiv könne die Merkmale, in diesem Fall die Rechte, eines Individuums beanspruchen. Statt dessen macht er den Wert eines gesellschaftlichen Gutes von seiner Übereinstimmung mit dem Prinzip der Achtung abhängig, die allein dem Individuum gebührt. Aus diesem Grund verwirft Hayek vehement die Sozialrechte, insofern sie aus einer Verteilungsgerechtigkeit hervorgehen, und er warnt, »daß irgendeine Politik, die sich direkt das substantielle Ideal der Verteilungsgerechtigkeit zum Ziel setzt, zur Zerstörung des Rechtsstaates führen muß«.[35]

Es wäre vergebliche Mühe, wie Claude Lefort[36] die Tiefe des »Generationsgrabens« verleugnen zu wollen, der die Individual- von den Kollektivrechten trennt. Der Unterschied zwischen beiden ist kein quantitativer, sondern ein qualitativer. Er geht weit über die klassische Antinomie zwischen der Gleichheit, die mit Gerechtigkeit gleichgesetzt wird, und der Freiheit hinaus.[37] Einerseits können die Individualrechte der Durchsetzung der Kollektivrechte im Wege stehen – solange es sich nicht umgekehrt verhält (deswegen werfen Liberale und Sozialisten sich gegenseitig vor, im Namen der letzteren gegen die ersteren oder im Namen der ersteren gegen die letzteren zu verstoßen). Andererseits lassen sich viele öffentliche oder soziale Güter nicht in Einzelteile zerlegen, so daß sie keinen Sinn haben, solange gesellschaftliches Handeln nicht holistisch verstanden wird. Die Festschreibung von Kollektivrechten setzt voraus, daß die Bedeutung der gesellschaftlichen Zugehörigkeit erkannt wird, und hat zur Folge, daß Gruppen zu Rechtssubjekten gemacht werden, was die klassische Menschenrechtslehre stets abgelehnt hat. Den Liberalen dient dies als Argument, die Sozialrechte zu kritisieren. Genausogut könnte man aber den umgekehrten Schluß ziehen: Allein weil sie sozial sind, sind die Sozialrechte überzeugender als die aus einer abstrakten individuellen »Natur« hergeleiteten Rechte, und zwar vor allem insofern, als sie dem Gedanken der Verteilungsgewalt wieder zur Ehre verhelfen.

*

In der öffentlichen Meinung wird der Kampf für die Menschenrechte häufig als ein Aspekt des Kampfes für Demokratie dargestellt. »Mit der vollständigen Demokratisierung Europas«, erklärte 1990 der damalige Generalsekretär der Vereinten Nationen Javier Pérez de Cuéllar, »wird sich einmal mehr der universelle Charakter der Menschenrechtserklärung bestätigen.«[38] Autoren wie Francis Fukuyama vertreten dieselbe Auffassung. Diese Sichtweise geht davon aus, daß die Demokratie und die Menschenrechte im Gleichschritt vorwärtsmarschieren. Undenkbar, daß die beiden Begriffe sich widersprächen. Im Gegenteil werden sie nahezu synonym verwendet.

Dennoch ist diese Auffassung vielfach angefochten worden. Julien Freund kommt zu dem Schluß, daß die Beziehung zwischen der Demokratie und den Menschenrechten »nicht offensichtlich ist«. Ihre Gleichsetzung, so Jean-François Kervégan, ist zumindest »problematisch«.[39] Myriam Revault d'Allonnes bekräftigt, daß sie »sich nicht von selbst versteht«.[40] Für diese Skepsis gibt es mehrere Gründe.

Demokratie ist eine politische, die Menschenrechte aber eine juridische und moralische Doktrin. Beide Typen von Doktrin befinden sich nicht von sich aus miteinander im Einklang. Als politisches Regime neigt die Demokratie naturgemäß zur Beschränkung dessen, was nicht demokratisch – und im weiteren Sinne nicht politisch – ist. Die Menschenrechtslehre dagegen neigt dazu, die Vorrechte des Politischen zu beschränken. Vor allem aber gehen beide Lehren, wie wir schon bezüglich der Menschen- und der Bürgerrechte gesehen haben, von unterschiedlichen Subjekten aus. Die Menschenrechte kennen nur abstrakte Individuen, die Demokratie kennt nur Staatsbürger. Auch wenn sie sich derselben juridischen Sprache bedienen, unterscheiden sich die Bürgerrechte (Gleichheit vor dem Gesetz, Petitionsrecht, allgemeines Wahlrecht, gleichberechtigter Zugang zu öffentlichen Ämtern im Rahmen der jeweiligen Befähigung) grundsätzlich von den Menschenrechten. Sie sind keine Eigenschaften des Menschen als Menschen, sondern Handlungsfähigkeiten, die nicht nur an ein bestimmtes politisches Regime (die Demokratie), sondern auch und vor allem an die spezifische Zugehörigkeit zu einer politischen Gemeinschaft gebunden sind. Die Menschenrechtslehre verleiht unterschiedslos allen Menschen das Wahlrecht, weil sie Menschen sind (»ein Mensch, eine Stimme«). Die Demokratie verleiht allen Bürgern das Wahlrecht, verweigert es aber den Nichtstaatsbürgern.

»Die demokratischen Staatsbürgerrechte«, so Carl Schmitt, »setzen nicht den einzelnen freien Menschen im außerstaatlichen Zustand der ›Freiheit‹, sondern den im Staat lebenden Staatsbürger, den citoyen, voraus.«[41]

Ein demokratisches Regime bezieht seine Legitimität aus der Zustimmung des Volkes, die sich in der Regel an der Wahlurne ausdrückt. Die Demokratie ist dasjenige Regime, das die Volkssouveränität heiligt. Die Menschenrechtslehre dagegen kommt als moralische Gewißheit, als universelle Wahrheit daher, die sich einzig ihrer Universalität wegen überall durchsetzen muß. Dementsprechend bedarf ihre Gültigkeit keiner demokratischen Ratifizierung. Schlimmer noch, sie kann sich demokratischen Entscheiden widersetzen.

»Die Problematik der Menschenrechte«, so stellt Myriam Revault d'Allonnes fest, »rührt von einer individuellen Grundlage her – den naturgegebenen Rechten des Individuums –, die zwangsläufig mit den Voraussetzungen der Souveränität in Konflikt gerät.«[42]

Dieser Konflikt kann auf zweierlei Weise zutage treten. Zum einen impliziert das im Zeichen der Menschenrechtslehre entstandene internationale Recht – das Interventionsrecht – eine begrenzte Souveränität der Staaten und Völker. Damit impliziert es zugleich eine Begrenzung der Volkssouveränität innerhalb jedes demokratischen Staates. Zum anderen verfügen die Bedingungen, unter denen die Menschenrechtslehre formuliert wurde, daß die demokratische Abstimmung selbst nur insofern als souverän anerkannt werden kann, als sie den Postulaten dieser Lehre nicht widerspricht. Aus der Sicht der Menschenrechte, erläutert Guy Haarscher, »ist das demokratische Prinzip nur innerhalb enger Grenzen gültig. Dies sind genau die Grenzen, an die die Philosophie der Menschenrechte stößt: Angenommen, ein einzelnes Individuum verteidigt die Menschenrechte gegen eine Mehrheit, die sie zu verletzen beschließt, so [hätte] vom Standpunkt der kontraktualistischen Philosophie der einzelne die einzig legitime Position vertreten«.[43]

Demokratische Entscheide, die nicht zugunsten der Menschenrechte ausfallen, werden somit ohne Umschweife als »irrational« und illegitim verworfen. Dieselbe Ideologie widersetzt sich dem Gedanken, daß das Volk etwa im Wege des Referendums zu Themen befragt werden soll, die als »heikel« gelten. Ein bestimmter Vorwurf gegen den »Populismus« fällt offenkundig in denselben Rahmen: Sobald man das Problem der »Menschenrechte« anpackt, wird das Volk böser Gedanken verdächtigt.

»Die Anerkennung und Ausrufung der Menschenrechte«, schreibt Jean-François Kervégan dazu, »impliziert, daß der Souveränität, ob der des Monarchen oder des Volkes, unüberschreitbare Grenzen gesetzt werden.«[44] Jede Einschränkung der Volkssouveränität aber bedeutet einen Angriff auf die Grundmauern der Demokratie. Sie kommt einer den Bürgern auferlegten Verpflichtung gleich, sich dagegen zu wehren, daß sie nur von gewählten Volksvertretern regiert werden. Sie legt nahe, daß die Macht, der die Bürger Gehorsam schulden, nicht bei der gewählten Regierung liegt, sondern bei internationalen Instanzen oder Gerichtsbarkeiten, deren Mitglieder sozusagen im Namen einer geoffenbarten Wahrheit sprechen und nicht die geringste demokratische Legitimation vorweisen können. Wenn der Volkssouveränität Bedingungen gestellt werden, ist dies eine eindeutige Rückkehr zur politischen und sozialen Heteronomie.[45] Es ist kein Zufall, daß autoritären Regierungen heute sehr viel seltener ein Mangel an Demokratie als eine mangelnde »Achtung der Menschenrechte« vorgeworfen wird. Um der politischen Instabilität Abhilfe zu schaffen, die der globalen Ausdehnung der Märkte hinderlich war, hatte schon die 1973 eingesetzte Trilaterale Kommission, deren Chefideologen Samuel P. Huntington und Zbigniew Brzezinski waren, den Wunsch geäußert, demokratische Praktiken in der Dritten Welt auf einen kleinen Bereich zu beschränken. »Man fand eine Zutat«, schreibt Edmond Jouve, »um diesen beiden Forderungen – eingeschränkte Demokratie und Fortdauern des Kapitalismus – nachzukommen: die Menschenrechtslehre.«[46]

Die Neudefinition der Demokratie als »Regime, das die Menschenrechte achtet«, das heißt ihre endgültige Reduzierung auf die liberale Demokratie, ist intellektuell zwar unhaltbar[47], politisch aber um so lohnender, weil sie zuläßt, daß jede demokratische Entscheidung, die der Menschenrechtslehre widerspricht, als demokratiewidrig abgelehnt wird. Jean-Fabien Spitz hält dagegen, der eigentliche Widerspruch liege in diesem Ansatz selbst, denn »zu behaupten, die Rechte des Individuums hingen von der Vernunft und der Natur ab, und sie dann aber der Diskussion aller vernunftbegabten Wesen entziehen zu wollen heißt, ihre rationale Grundlage zu zerstören«.[48] Tatsächlich wäre einzig ein Mehrheitsentscheid für die Abschaffung der Demokratie antidemokratisch zu nennen, weil ein solcher Entscheid dem Zweck widerspräche, zu dem die Abstimmung lediglich ein Mittel ist.

»Man kann keine genaue Aussage über eine Politik der Menschenrechte treffen«, behauptet Claude Lefort, »solange man nicht geprüft hat, ob sie eine eigentlich politische Bedeutung haben.« Bereits 1980 schrieb Marcel Gauchet in einem epochemachenden Artikel, daß »die Menschenrechte keine Politik sind«.[49] Er beschreibt »die größte Gefahr, die die Rückkehr zu den Menschenrechten in sich birgt: in die ausgefahrene Spur, die Sackgasse eines Denkens zu verfallen, das das Individuum gegen die Gesellschaft setzt, der alten Illusion zu erliegen, man könne auf das Individuum aufbauen und vom Individuum ausgehen, von seinen Bedürfnissen und seinen Rechten, um bei der Gesellschaft anzukommen. Als ob sich das Streben nach individueller Autonomie von dem Bemühen um gesellschaftliche Autonomie trennen ließe.«[50] »Die Menschenrechte«, so folgert er, »sind keine Politik, weil sie uns keinen Zugriff auf das gesellschaftliche Ganze geben, in das sie eingeführt werden. Sie können nur unter der Bedingung zur Politik werden, daß man sich bewußt die geeigneten Mittel schafft, um die individualistische Dynamik der Entfremdung zu überwinden, die sie als ihr natürliches Pendant fördern.«[51] Zwanzig Jahre später veröffentlichte Gauchet einen zweiten Text, in dem er dieselbe Problemstellung aufgreift und vertieft.[52] Diesmal beschränkt er sich nicht auf die Feststellung, daß die »Politik der Menschenrechte« in die kollektive Ohnmacht führt, sondern er erklärt, die Demokratie zerstöre mit einer solchen Politik »die Grundlagen, auf denen sie ruht, und die Werkzeuge, die sie benötigt«.

Die Ideologie der Menschenrechte, erläutert Gauchet, isoliert das juridische Element auf Kosten des Politischen und Soziohistorischen: »Wir erleben eine Revanche des Rechts und, damit einhergehend, ein Verschwinden des Politischen und des Soziohistorischen.«[53] Hinzu kommt, daß diese Ideologie im Namen strikt individueller Rechte argumentiert. »Wenn eine Gefahr heraufzieht, liegt sie in der Schwächung des Kollektiven angesichts der Behauptung der Individuen.«[54] Jede demokratische Politik muß der Erkenntnis Rechnung tragen, daß die ihr anvertraute Gesellschaft mehr ist als die bloße Summe ihrer individuellen Bestandteile. Ohne diese Erkenntnis gibt es keinen Gemeinwillen. Deswegen muß »die Politik der Menschenrechte als demokratische Politik fehlschlagen. Sie scheitert insofern, als sie zur Schaffung einer Gesellschaft beiträgt, deren Gesamtplanung ihren

Mitgliedern aus der Hand genommen wird. Gut möglich, daß sie dem Individuum größere Vorrechte in der Gesellschaft verschafft; je mehr ihr dies gelingt, desto mehr verschwimmen die Konturen einer Gesamtheit der Individuen; desto weniger erkennbar und regierbar wird sie [...] Die Politik der Menschenrechte kann gar nicht anders, als den Aussichten auf eine echte kollektive Selbstbestimmung den Rücken zu kehren.«[55] Demokratie jedoch bedeutet, wie Gauchet weiter verdeutlicht, »die Herrschaft des Kollektivs über sich selbst in seiner Gesamtheit, und nicht nur in seinen Teilen. Sie ist – und muß sein – die Selbstregierung der politischen Gemeinschaft als solcher, ohne die sich die Rechte der Mitglieder und Bestandteile dieser Gemeinschaft letzten Endes als illusorisch erweisen. Die Menschenrechtsdemokratie ist eine verstümmelte Demokratie, die die eigentliche politische Dimension der Demokratie aus den Augen verliert; sie vergißt die Existenz der politischen Gemeinschaft, auf deren Ebene Demokratie letztlich stattfindet [...] Die Einführung des individuellen Rechtssubjekts in der Fülle seiner Vorrechte läßt das kollektive politische Subjekt der Demokratie unsichtbar werden.«[56]

»Es gibt zwei Wege, sich eine metapolitische Menschheit vorzustellen, die ihr politisches Dasein überwunden oder hinter sich gelassen hat«, bemerkt Pierre Manent. »Dies kann eine vom Recht bestimmte Menschheit sein oder eine Menschheit, die nach der Moral lebt.«[57] Die Ideologie der Menschenrechte fügt das eine mit dem anderen zusammen, und deswegen muß ihr das Politische abgehen. Genauso und vor allem aber fehlt es ihr, weil ihr Subjekt ein abstrakter Mensch ist, der im »Naturzustand«, das heißt in einem vorgesellschaftlichen Zustand, gedacht wird. Wie schon Hannah Arendt sagte: »Da die Philosophie und die Theologie sich immer mit *dem* Menschen beschäftigen, da alle ihre Aussagen richtig wären, auch wenn es entweder nur Einen Menschen oder nur Zwei Menschen oder nur identische Menschen gäbe, haben sie keine philosophisch gültige Antwort auf die Frage: Was ist Politik? gefunden.«[58]

Der Begriff des Individuums, auf den sich die gesamte Rhetorik der Menschenrechte gründet, ist ein Begriff von bemerkenswerter

Dürftigkeit, denn das einzige, was ein Individuum auszeichnet, ist die Tatsache, daß es ein Individuum ist. Unter diesen Umständen kann man sich sogar fragen, ob es vernünftig ist, ihm dies zuzugestehen, was immer das auch bedeuten mag. Der Menschenrechtslehre zufolge gelangt man zur Essenz des Menschen, indem man ihn als Individuum setzt. In Wirklichkeit ist ein seiner sämtlichen konkreten Merkmale entblößter Mensch keineswegs ein »Mensch an sich«. Er ist gar nichts mehr, weil er »die Eigenschaften verloren hat, die anderen ermöglichen, ihn als ihresgleichen zu behandeln«.[59] »Das Versagen der Menschenrechte angesichts der historischen und politischen Wirklichkeit«, sagt Myriam Revault d'Allonnes, »zeigt vor allem die Sackgassen einer naturalistischen Sicht auf, die sich unfehlbar in ihr Gegenteil verkehrt. Stellt man die Fakten – das heißt den Verlust der als wesentlich geltenden politischen Eigenschaften – auf die Probe, findet man kein dauerhaftes Substrat einer menschlichen Natur, sondern eine reine Unbestimmtheit, der jeder Sinn abgeht.«[60]

Die ursprünglichen Theoretiker der Menschenrechte beriefen sich nicht zu Unrecht auf die menschliche Natur. Unhaltbar ist lediglich die Vorstellung, die sie sich von ihr machten. Heute weiß man – und hat schon seit langem gewußt –, daß der Mensch ein soziales Wesen ist, daß die Existenz der Menschen ihrer Koexistenz nicht vorausgeht, kurz gesagt, daß die Gesellschaft den Horizont bildet, vor dem sich die menschliche Präsenz in der Welt von Anfang an abzeichnet. Genausowenig wie es einen Geist gibt, der nicht verkörpert ist, gibt es ein Individuum, das nicht in einem bestimmten soziohistorischen Kontext verankert ist. Die Zugehörigkeit zur Menschheit ist nie unmittelbar, sondern wird durch eine bestimmte Gemeinschaft oder Kultur vermittelt. Für den Menschen ist es unmöglich, sich einfach als Individuum zu definieren, weil er zwangsläufig in einer Gemeinschaft lebt, in der er mit Werten, mit Normen, mit von allen geteilten Meinungen in Berührung kommt. Die Gesamtheit dieser Beziehungen und Gebräuche – all das also, was sein Umfeld ausmacht und sein Wesen umgibt – ist kein überflüssiges Beiwerk, sondern im Gegenteil ein wesentlicher Bestandteil seines Ichs.

Um zu leben und um gut zu leben, braucht der Mensch eine Gemeinschaft. Doch bedeutet »das berühmte Wort des Aristoteles, daß der Mensch ein politisches Tier ist, nicht nur, daß der Mensch von Natur aus dazu bestimmt ist, in Gesellschaft zu leben; es bedeutet auch, daß der Mensch von Natur aus danach verlangt, ein politisches Leben zu führen und aktiv am Leben der politischen Gemeinschaft teilzunehmen.«[61] »Wir bezeichnen«, schreibt Aristoteles, »als gerecht ein Handeln, das den Zweck hat, das Glück sowie dessen Komponenten für das Gemeinwesen hervorzubringen und zu erhalten.«[62]

Ein politisches Ganzes nach streng individualistischen Gesichtspunkten aufzubauen ist ganz einfach nicht möglich. »Eine Gesellschaft läßt sich sowenig in Individuen zerlegen wie eine geometrische Fläche in Linien oder eine Linie in Punkte«, sagte schon Auguste Comte.[63] »Ein Individuum ist ein einzelnes Kettenglied«, schreibt Raimundo Panikkar, »eine Person ist die Verkettung um dieses Glied herum, ein Bruchteil der Kette, die die Wirklichkeit bildet [...] Daß die Kette sich ohne ihre Glieder auflösen würde, läßt sich nicht bestreiten; aber ohne die Verkettung gäbe es auch keine Kettenglieder.«[64] Daraus folgt, daß jedes politische Projekt eine Art Holismus erfordert. Im Holismus geht die Gesellschaft dem Individuum voraus, so wie »das Ganze zwangsläufig dem Teil vorausgeht« (Aristoteles). Doch – und in dieser Hinsicht unterscheidet sich der Holismus vom Kollektivismus – die Teile, die das Ganze umfaßt, gehen nicht in diesem Ganzen auf. Der entscheidende Unterschied besteht darin, daß sich der gesellschaftliche Gesamtzusammenhang im Kollektivismus die Individuen ganz und gar untertan macht, während im Holismus die Möglichkeiten der Individuen von ihren gesellschaftlichen Beziehungen abhängig sind. Diese Abhängigkeit ist also nicht kausaler, sondern grundlegender und wechselseitiger Natur. Das Gemeinwohl ist aus dieser Perspektive weder das Wohl des Ganzen noch die bloße Summe aller Einzelinteressen: Es ist ein den Teilen wie dem Ganzen gemeinsames Wohl.

Wenn man zugibt, daß die Verteidigung und Förderung von Rechten vorrangig der Behauptung des Politischen bedarf, wird offensichtlich, daß die Menschenrechtslehre die Grundlagen ihrer Durchsetzung untergräbt, indem sie das Politische angreift und seine Vorrechte unentwegt einzuschränken trachtet. Nur in einem politischen Rahmen, in einer gemeinsamen politischen Lebenswelt kann ein Mensch Rechte haben, denn jedes Recht ist von den soziohistorischen Bedingungen abhängig, innerhalb derer es behauptet wird.[65] So wie formelle Rechte von sich aus keine Tragweite haben – das Recht auf Arbeit genügt nicht, eine Stelle zu finden, und das Recht auf Bildung heißt nicht viel, wenn der Staat nicht über die finanziellen Mittel verfügt, die Kostenfreiheit des Unterrichts sicherzustellen –, kann das Individuum als solches kein echtes Rechtssubjekt sein. Rechte können nur mit der Mitgliedschaft in einem politischen Ganzen einhergehen. »Wenn der Mensch seine Menschlichkeit erlangt, indem er zum Bürger wird«, so Myriam Revault d'Allonnes, »das heißt, indem er einen politischen Status erhält, und wenn er umgekehrt seine eigentlich menschlichen Eigenschaften verliert, indem er diesen Status verliert, dann wurzelt die Geltung der Menschenrechte im Bürgersein.«[66] Umgekehrt können die Menschen Rechte nur innerhalb einer bestimmten politischen Form erlangen, in einem Existenzzusammenhang, der ihnen konkret die Möglichkeit garantiert, von diesen Rechten Gebrauch zu machen. Letztlich läuft dies darauf hinaus, daß die Rechte den Unterschied zwischen den Menschen bekräftigen und ausdrücken und keineswegs ihre Identität.[67]

Man muß aber weiterdenken und sich fragen, wie angebracht es überhaupt ist, weiterhin von Rechten zu sprechen. Weil die Menschenrechtslehre unmittelbar an die liberale Ideologie gebunden ist, ist jeder Versuch einer nichtliberalen Umformulierung wahrscheinlich zum Scheitern verurteilt. Besser sollte man sich vergegenwärtigen, daß sich die Debatten derzeit weniger um Rechte drehen als um die Pflichten der Regierenden sowie um die Berechtigung der Regierten, Kompetenzen und Freiheiten zu fordern, wenn diese ihnen verweigert werden. Selbstverständlich geht es nicht darum, die Verteidigung der Freiheiten preiszugeben oder gar die Menschenrechtslehre anzufechten, um den Despotismus zu legitimieren. Ganz im Gegenteil muß gezeigt werden, daß die Notwendigkeit des Kampfes gegen alle Formen der Tyrannei und Unterdrückung eine durch und durch politische Frage ist, die als solche eine politische Lösung erfordert. Es geht, mit anderen Worten, darum, die juridische Sphäre und das Feld der Moralphilosophie zu räumen, um zu bekräftigen, daß der Macht der politischen Obrigkeit Grenzen gesetzt werden müssen – nicht weil Individuen von Natur aus unbegrenzte Rechte haben, sondern weil eine Staatsform, in der Despotismus herrscht, eine schlechte politische Gesellschaft ist –, daß sich die Legitimation des Widerstands gegen Unterdrückung nicht aus einem angeborenen Recht herleitet, sondern aus der Verpflichtung der politischen Obrigkeit, die Freiheit der Gesellschaftsmitglieder zu achten, kurz gesagt, daß die Menschen frei sein müssen. Nicht weil sie »das Recht dazu haben«, sondern weil eine Gesellschaft, in der die Grundfreiheiten geachtet werden, politisch besser – und moralisch wünschenswerter – ist als eine, in der sie nicht geachtet werden.

Dies bedeutet, die Staatsbürgerschaft – verstanden als aktive Beteiligung am öffentlichen Leben und nicht als Begriff, der sich zur Erlangung von Rechten instrumentalisieren läßt – wieder als Prinzip geltend zu machen.

»Die Annahme der minimalen Bedingungen einer demokratischen politischen Ordnung – die strenge Gleichheit der Rechte und der Pflichten jedes einzelnen – zwingt dazu, jeder metaphysischen, anthropologischen oder gar moralischen Begründung der Menschenrechte und vor allem der Grundrechte zu entsagen«, schreibt dazu Jean-François Kervégan, »und sie statt dessen strikt politisch zu begründen, das heißt in Anlehnung an den alleinigen Grundsatz der Gleichheit der Bürger-Individuen vor dem Gesetz (und nicht von Natur aus, denn nichts ist weniger egalitär als die ›Natur‹).«[68]

Dies zieht zugleich die Rehabilitation des Begriffs der Zugehörigkeit zu einer politischen Gemeinschaft nach sich, ohne den Freiheit, Gleichheit und Gerechtigkeit Abstraktionen ohne jede Durchschlagkraft bleiben. Weit davon entfernt, das Individuum zu entkräften oder in seiner Existenz zu bedrohen, gibt die Zugehörigkeit ihm im Gegenteil die »Möglichkeit, einzigartig und dabei von Bedeutung zu sein«, wie Revault d'Allonnes sagt. Sie fährt fort: »Um die Menschenrechte ›politisch‹ zu begründen, muß man Politik und Staatsbürgerschaft denken, und zwar nicht nur unter dem zweitrangigen Aspekt einer Garantie der subjektiven Naturrechte, sondern auch als ursprüngliche Bedingung, die das Zusammenleben möglich macht. Allerdings – und diese beiden Dinge sind offensichtlich miteinander verknüpft – gilt es auch die Frage der individualistischen Grundlage des Sozialen zu überdenken und individuelle Einzigartigkeit als einzigartige Zugehörigkeit oder gar als plurale Einzigartigkeit zu betrachten. Diese stützt sich nicht auf ein individuelles Fundament, sondern sie fußt auf dem Boden einer Beziehung zur gemeinsamen Welt. Denn wenn das ›Recht, Rechte zu haben‹ nicht von der Zugehörigkeit zu einer gegliederten politischen Gemeinschaft zu trennen ist – die sich eben nicht auf eine Vereinigung von Individuen reduzieren läßt –, liegt das Unersetzliche, Einzigartige eines Menschen nicht in seiner fundamentalen Autonomie, sondern in den Zugehörigkeiten, die die Herausbildung seiner Individualität ermöglichen.«[69] Schließlich gilt es die Vorstellung aufzugeben, daß zwischen individueller Freiheit und gesellschaftlichem Leben ein unvermeidlicher Widerspruch besteht. Statt dessen läßt sich Freiheit als das verstehen, was Benjamin Constant die »Freiheit der Antike« und was Isaiah Berlin »positive Freiheit« genannt hat. Diese Art von Freiheit ist untrennbar von der aktiven Beteiligung am öffentlichen Leben, während die negative Freiheit der Neuzeit in einer Reihe von Rechten besteht, die es dem Menschen gestatten, sich dieser Verpflichtung zu entziehen.

Freiheit ist mehr als persönliche Befugnis. Zu ihrer Ausübung ist ein gesellschaftlicher Kontext erforderlich. Deswegen blieb die in Artikel 4 der Erklärung der Rechte von 1789 aufgestellte Definition unbefriedigend: »Freiheit besteht darin, alles tun zu können, was anderen nicht schadet.« Zum einen sind individuelle Autonomie und der freie Ausdruck von Fähigkeiten und Talenten keine subjektiven Rechte, sondern sie entsprechen im Gegenteil einer dringenden politischen und gesellschaftlichen Notwendigkeit. Das staatliche Bildungswesen zum Beispiel ist nicht Ergebnis eines »Rechts auf Bildung«. Gäbe es dieses Recht, wäre Bildung zwar kostenlos, aber freiwillig. Die Schulpflicht folgt aus der Erkenntnis, daß Bildung ein gesellschaftliches Gut darstellt. Zum anderen wird individuelle Freiheit nie in einer unfreien Gesellschaft erreicht: Ohne öffentliche Freiheit gibt es keine private Freiheit. »In der Antike bestand das Ziel darin, gesellschaftliche Macht zwischen allen Bürgern desselben Vaterlands zu teilen«, so Benjamin Constant.[70] Das bedeutet, daß auch Freiheit zunächst eine politische Frage ist – und keine Frage von »Rechten«. Eine so verstandene Freiheit erzeugt und ermöglicht Gerechtigkeit, statt aus ihr zu resultieren.

Einer der besten Wege, die Freiheiten zu verteidigen, führt über das Prinzip der Subsidiarität, nach dem einzig diejenigen Aufgaben an eine höhere Autorität weitergeleitet werden, die auf unteren oder lokalen Ebenen nicht gelöst werden können. Damit wird es möglich, zu einem strengeren Rechtsbegriff zurückzukehren: Recht zu schaffen (oder wiederherzustellen) heißt nicht, Individuen von höherer Stelle das »Recht« zu gewähren, irgend etwas zu erhalten, sondern ihnen zu geben, was ihnen zusteht, oder ihnen individuell oder kollektiv konkret das zurückzugeben, was ihnen zu Unrecht vom Staat oder von einem Dritten entzogen worden ist.

*

Viele Historiker sehen die englische Magna Carta vom 15. Juni 1215 als erste »konstitutionelle« Festschreibung der Menschenrechte. Dies ist eine irreführende, anachronistische Interpretation. Genauso wie die spanische Magna Charta des Königs Alphonse de Léon von 1188 ist die Magna Carta ein Dokument, das auf politischem Weg politische Freiheiten schafft. Wie Carl Schmitt hervorhebt, war sie »geschichtlich betrachtet nur eines der vielen Beispiele mittelalterlicher Abmachungen zwischen Fürst und Feudalherrn«.[71] Tatsächlich handelt es sich um einen öffentlichen Rechtsvertrag in Gestalt eines Zugeständnisses von seiten der Krone. Dieser Vertrag gewährt der feudalen Aristokratie eine Reihe von Freiheiten und stellt eventuelle Mißbräuche der königlichen Macht unter Strafe. Dasselbe gilt für die Habeas-Corpus-Akte von 1679 (Schutz vor willkürlicher Festnahme) und die Bill of Rights von 1688, zu denen Schmitt schreibt: »In Wahrheit sind sie vertragliche oder gesetzliche Regelungen der Rechte englischer Barone oder Bürger, die wohl in allmählicher Entwicklung den Charakter moderner Prinzipien angenommen haben, aber nicht dem ursprünglichen Sinn von Grundrechten entsprechen.«[72]

Eines steht fest: Freiheit ist ein ureuropäischer Begriff. Das antike Griechenland hat ihren Wert zuerst erkannt. Die beständigste Ehrung aber scheint sie vor allem in Nordeuropa erfahren zu haben. Schon Tacitus stellte verblüfft fest, daß die germanischen Könige gewählt und von Versammlungen ernannt wurden. Die Germanen, staunte er weiter, kannten statt einer Steuerpflicht nur freiwillige Abgaben. Was der römische Historiker zu der Rolle der Frau sagt, zeigt ebenfalls, wie weitgehend die Freiheit der Person in Nordeuropa schon damals anerkannt wurde.

In Frankreich, wo die Monarchen erst seit Ludwig IX. nicht mehr gewählt wurden, blieb dieses Freiheitsideal durch das gesamte Mittelalter hindurch lebendig. Fustel de Coulanges schreibt zur Feudalherrschaft: »An der Spitze der Hierarchie stand der König von seinen Vasallen umgeben. Jeder dieser Vasallen hatte seinerseits Lehnsmänner, über die er nicht das geringste Urteil sprechen konnte [...] Ohne die Zustimmung seiner Untertanen konnte der König weder ein neues Gesetz erlassen noch die bestehenden Gesetze ändern noch eine neue Steuer erheben [...] Nimmt man die Institutionen dieses Regimes unter die Lupe und betrachtet man ihre Bedeutung und Tragweite, so zeigt sich, daß sie sich sämtlich gegen den Despotismus richten. So viele Seiten dieses Regime gehabt haben mag, eine Sorge eint sie, nämlich die Angst vor der absoluten Macht. Ich glaube nicht, daß irgendein anderes Regime erfolgreicher die Willkür ausgeschaltet hat [...] Der Feudalismus war eine Vereinigung freier Menschen.«[73]

Mit dem Ende der Feudalherrschaft begann sich diese Ordnung aufzulösen. Allmählich setzte sich das römische Vorbild des autoritären Zentralstaats durch. Auf Kosten der Regionalversammlungen und gesellschaftlichen Zwischenkörper zentralisierte die Erbmonarchie Justiz und Verwaltung immer mehr. Während die kommunale Revolution die Macht der aufstrebenden Bourgeoisie festschrieb, verkamen die

Regionalversammlungen zu Treffpunkten königlicher Beamter. Die nunmehr absolute Monarchie – eine irdische Version der absoluten Herrschaft Gottes – stützte sich auf die Bourgeoisie, um die letzten Widerstände des Adels auszuhebeln.

In Frankreich gab es aber immer auch Denker, die den Zentralismus, die juristisch-administrative Rationalisierung und den Absolutismus kritisierten. Sie erhoben ihre Forderungen teils im Namen der »Grundgesetze des Reiches«, teils im Namen der alten keltischen oder germanischen Freiheiten. Diese aristokratischen und germanischen Ursprünge hatte Montesquieu im Sinn, als er sagte, die freiheitliche Ordnung sei »im Wald erfunden worden«. Ab dem 17. Jahrhundert widersetzte sich die »germanistische« Strömung (Henri de Boulainvilliers, Le Laboureur, Louis Adrien Le Paige) mit demselben Argument der »romanistischen« (Abbé Dubos, Marquis d'Argentons, Jacob-Nicolas Moreau). Nach dem Vorbild des Thomas Althusius und der »Monarchomachen«, der Gegner des Absolutismustheoretikers Jean Bodin, erinnerten diese Männer unermüdlich daran, daß die Könige in der Vergangenheit nie eine absolute Macht gehabt hatten. Einige unter ihnen, Boulainvilliers zum Beispiel,[74] traten für die Volkssouveränität ein und vertraten die These einer ursprünglichen Nation, in der es keinen Privatbesitz gab. Später sollte Augustin Thierry diese Lehre aufgreifen. Eine weitere interessante Strömung ist der bürgerliche Republikanismus (oder Bürgerhumanismus), auf dessen wesentliche Grundsätze sich zeitgenössische Autoren wie J. G. A. Pocock, Quentin Skinner und zuletzt Philip Pettit besonnen haben. Diese Denkrichtung beruft sich hauptsächlich auf die republikanische Tradition des antiken Roms (Sallust und Titus Livius) sowie auf griechische Philosophen wie Polybios und Aristoteles, aber auch auf Machiavelli, auf die florentinischen und venezianischen Humanisten, auf den englischen Republikanismus und nicht zuletzt auf Montesquieu, Rousseau und Jefferson.[75] In England verbreitete sich die neorömische Lehre der bürgerlichen Freiheit im 17. Jahrhundert. Henry Parker, John Milton, Algernon Sidney und allen voran James Harrington vertraten einen streng politisch konzipierten Freiheitsbegriff und setzten sich für eine parlamentarische Volkssouveränität ein, weswegen Thomas Hobbes sie heftig angriff. Ihr Begriff der bürgerlichen Freiheit ist an das klassische Ideal der *civitas libera*, des »freien Staates«, gebunden, das in der italienischen Renaissance – vor allem in Machiavellis *Vom Staate oder Betrachtungen über die ersten zehn Bücher des Titus Livius* (1514–19) – zur republikanischen *libertà* wurde. Wenn bei ihnen von »natürlichen Rechten und Freiheiten« die Rede ist, beziehen sie sich nie auf das Individuum, sondern auf das, was Milton und Harrington »allgemeine Freiheit« (common liberty), »freie Regierung« (free government) oder commonwealth nannten. Indem sie die »staatsbürgerlichen Tugenden« priesen, verhalfen die Anhänger dieser Lehre dem Politischen wieder zur Ehre. Denn obwohl diese Tugenden ihren Ursprung in den Sitten, Traditionen und gesellschaftlichen Praktiken haben, können die Institutionen des Staates ihre Ausübung begünstigen. Die Grundthese ist, daß der Mensch erst in einem freien Staat wirklich frei sein kann. Damit wird der Auffassung widersprochen, einzig staatlicher Zwang stelle eine Bedrohung der individuellen Freiheiten dar, und verdeutlicht, daß das Leben in der Gruppe in einem Zustand der Abhängigkeit an sich schon Zwang verursacht. »Ein freier Staat«, so Quentin Skinner, »ist ein Gemeinwesen, dessen Handeln von dem Willen der Gesamtheit seiner Mitglieder bestimmt wird.«[76] Die Gesetze eines solchen Staates bedürfen der Zustimmung aller Staatsbürger. Das erfordert die aktive Teilnahme aller Bürger am öffentlichen Leben und bedeutet eine Ablehnung der Monarchie genauso wie der Tyrannei.

Freiheit entfaltet sich aus dieser Sicht keineswegs bevorzugt in einer Privatsphäre, die ständig von der politischen Obrigkeit bedroht wird. Frei zu sein heißt vielmehr, ohne Zwang und ohne Einschränkung an Entscheidungen des gesellschaftlichen und politischen Lebens teilhaben und so zum Erhalt der kollektiven Freiheiten beitragen zu können. So wird Freiheit zu einer Art sozialer Bindung: Ich kann nicht frei sein, solange die anderen Mitglieder meiner Gemeinschaft nicht gleichermaßen frei sind. Demnach gibt es keine Freiheit außer einer geteilten, gemeinsamen. Die Regeln, nach denen die Mitglieder einer politischen Gemeinschaft leben, gehören ihnen gemeinsam. Das Gesetz ist kein Feind der Freiheit mehr, weil die Intervention der Staatsgewalt ihre Verwirklichung unterstützen kann. Die Gemeinschaft regiert sich selbst, nicht auf der Grundlage von Rechten, sondern dank der Beteiligung jedes einzelnen Mitglieds.

»Das wichtigste Erkennungsmerkmal einer republikanischen politischen Philosophie«, sagt der französische Philosoph Jean-Fabien Spitz, »besteht in der Feststellung, daß die Rechte der Bürger nicht durch eine philosophische Begründung festgelegt werden, die von der Natur ausgeht, sondern durch gemeinsame Überlegung, die sich darum bemüht, die Voreingenommenheiten der natürlichen Konfrontation auszuräumen und Normen zu finden, die jeder als legitim annehmen kann [...] Regeln sind nicht Ausdruck der kumulativen Interessen einer Mehrheit, sondern geteilte Überzeugungen.«[77] Die Republik setzt sich dementsprechend aus Bürgern zusammen, »die sich nicht nur fragen, welche institutionellen Verfügungen ihren eigenen Interessen am meisten entgegenkommen, sondern auch, welche Normen kollektiver Existenz legitim und moralisch akzeptabel sind«.[78]

Weiter schreibt Spitz: »Die Republikaner [...] wehren sich dagegen, Rechte nur als notwendige Werkzeuge zur Ausführung einer Reihe unumgänglicher Pflichten zu begreifen, die in der Natur begründet und dem menschlichen Willen von außen aufgezwungen werden. Ganz im Gegenteil wollen sie Rechte als Produkt eines demokratischen Nachdenkens darüber verstehen, welche Art von Leben wir zusammen führen wollen und auf welche gemeinsamen Prinzipien sich die Mitglieder einer Republik zu einigen wünschen [...] Die Vorstellung eines Rechts, das nicht gesellschaftlich ist, sondern jeder im eigentlichen Sinn politischen Überlegung vorausgeht, scheint den Republikanern somit grundsätzlich falsch: Rechte sind keine Eigenschaften, die Individuen außerhalb jeder politischen Gesellschaft anhaften, sondern sie sind Eigenschaften, über die nur Staatsbürger verfügen können; sie sind keine naturgegebenen ›Trümpfe‹, mit deren Hilfe sich Individuen über die Entscheidungen der Gruppe, der sie angehören, hinwegsetzen könnten, sondern Existenzgrundlagen, auf denen Gesellschaften aufgebaut werden.«[79]

In den angelsächsischen Staaten verlor der bürgerliche Republikanismus ab dem 18. Jahrhundert immer mehr Boden an den Liberalismus. Die Thesen des Kommunitarismus kommen ihm in manchem nahe. Trotzdem gibt es (besonders bei Philip Pettit) in anderen Punkten entscheidende Abweichungen.

Die kommunitaristische Kritik der Menschenrechtslehre – in mancher Hinsicht eine Fortsetzung von Hegels Kritik an Kant – wurzelt in einem substantiellen Begriff des Guten. Vor der Gerechtigkeit kommt für die Kommunitaristen die Achtung einer Reihe an sich guter Werte, die zusammen das gute Leben ausmachen. Insofern stellt ihr Ansatz eine Antithese zum liberalen Rechtsverständnis dar. Sie bekräftigen, daß die Menschenrechtslehre nicht nur die kulturelle Vielfalt, sondern auch die soziale Grundlage persönlicher Identität ignoriert, und zeigen, daß Rechte, die sich auf ein aus allen gemeinschaftlichen Banden gelöstes Subjekt beziehen – oder zumindest auf ein Subjekt, das ständig die Möglichkeit hat, alle Verbindlichkeiten von sich zu weisen –, sinnentleert sein müssen. Im Gegenteil bildet nämlich die Tatsache der Zugehörigkeit den Bedeutungshorizont, vor dem es erst möglich wird, Rechte zu haben: Wenn es kein gesellschaftliches Allgemeinwohl gibt, bleiben die den Individuen bewilligten Rechte reine Illusion.[80]

Die Mehrzahl der Kommunitaristen erkennt die Individualrechte zwar an, kritisiert aber ihre liberale Formulierung. Diese Kritik nimmt in der Regel zwei Formen an. Die eine besteht in dem Nachweis, daß der Liberalismus die gemeinschaftliche Dimension des menschlichen Lebens vernachlässigt, indem er den Individualrechten Vorrang verleiht, daß diese Dimension aber für die Bildung eines Selbst wie für die Definition eines guten Lebens unentbehrlich ist. Die andere Kritik beruht auf der Feststellung, daß die Begründungen, die vorgebracht werden, um diese Priorität der Individualrechte zu verteidigen, von falschen Grundannahmen bezüglich der menschlichen Natur ausgehen. Darüber hinaus fechten die Kommunitaristen den autonomen Charakter der Menschen-rechtslehre an und fordern, diese müsse zumindest auf eine allgemeinere Theorie der Tugendhaftigkeit oder des moralischen Handelns gestützt werden. Eine solche Theorie müßte der Frage nachgehen, was es heißt, gut zu sein – und nicht, was es heißt, gerecht zu handeln.[81]

Ob man sich nun auf das Gedankengut der Antike beruft, auf die mittelalterliche Tradition, auf den bürgerlichen Republikanismus oder auf die theoretischen Errungenschaften des Kommunitarismus – in jedem Fall mangelt es nicht an Grundlagen, auf die sich die Freiheit als unersetzliches Gut stützen läßt, ohne daß man auf die liberale Ideologie zurückgreifen müßte. All diese Quellen erlauben eine kühnere und kohärentere Verteidigung der Freiheit als die Menschenrechtslehre. Deren Rhetorik gilt es zu überwinden, damit sich, wie der Historiker Pierre Chaunu so schön sagt, die Fähigkeit behaupten kann, »aus echter Überzeugung heraus ›wir‹ zu sagen und so dem ungebundenen ›ich‹ zu widerstehen«.

1 Vgl. Uber die Demokratie in Amerika. Manesse, Zürich 1987. IV. Teil. 6. Kapitel, S. 460–468.

2 Elemente und Ursprünge totaler Herrschaft II. Imperialismus. Europäische Verlagsanstalt, Frankfurt/M. 1955, S. 483–484. Arendt verbindet ihre Kritik an der Menschenrechtslehre direkt mit einer Denunziation des Totalitarismus, den sie als Auflösung des Sozialen und erzwungene Gleichmachung aller Individuen begreift.

3 Droit, communauté et humanité. Cerf, Paris 2000, S. 92–93. Der abstrakte Charakter der Menschenrechte wird im Französischen besonders deutlich, das nur die »Rechte des Menschen« (droits de l'homme) kennt. Das deutsche »Menschenrechte« ist weniger eindeutig auf den Menschen im Singular bezogen, während das Englische und selbst andere romanische Sprachen wie das Spanische oder Italienische ein Adjektiv anstelle des Substantivs verwenden (human rights, derechos humanos, diritti umani).

4 La démocratie contre elle-même. Gallimard-Tel, Paris 2002, S. 20–21.

5 »L'empire de la morale«, in: Commentaire, Paris, Herbst 2001, S. 507.

6 Démocratie: le risque du marché. Desclée de Brouwer, Paris 2002, S. 176.

7 Vgl. zur Inflation der Rechte F. Ost und M. van de Kerchove, Le système juridique entre ordre et désordre. PUF, Paris 1988; Stamatios Tzitzis, »Droits de l'homme et droit humanitaire«, in: Henri Pallard und Stamatios Tzitzis (Hrsg.), Droits fondamentaux et spécificités culturelles. L'Harmattan, Paris 1997, S. 41–62.

8 Les principes philosophiques du droit politique moderne. PUF, Paris 1997, S. 274.

9 Le politique et ses enjeux. Découverte-MAUSS, Paris 1994, S. 151.

10 A. a. O., S. 502.

11 Dennoch hatte es einen Wegbereiter in der langsamen Entwicklung des internationalen Rechts, das sich spätestens seit dem Versailler Vertrag (1919) mehr und mehr von den Regelungen des antiken ius publicum europaeum entfernt hat. Schon 1917 hatte der amerikanische Präsident eine Unterscheidung eingeführt, die den »gerechten Krieg« zum Äquivalent eines Kreuzzugs werden läßt. Vgl. zu diesem weiten Thema Carl Schmitt, Der Nomos der Erde im Völkerrecht des Jus Publicum Europaeum. Duncker & Humblot, Berlin 1997.

12 Vgl. Tzvetan Todorov, »Les illusions d'une justice universelle« in: Le Monde des débats, Paris, Mai 2001, S. 27. Es ist bezeichnend, daß die Großmächte immer dann plötzlich einen Rückzieher machen, wenn sie fürchten, sich eines Tages selbst dem Gesetz unterwerfen zu müssen, das für alle anderen gelten soll. Die USA bemühen sich ständig, außerhalb ihrer Grenzen die Achtung der Menschenrechte

durchzusetzen, bestreiten aber, daß dieselben Normen auch für sie gelten könnten. Sie verlangten Slobodan Milošević' Vorladung vor den Internationalen Gerichtshof, obwohl sie ihrerseits dessen Zuständigkeit nicht anerkennen. Vgl. Stanko Cerović, »Le TPI, instrument de l'empire américain«, in: Le Monde des débats, Paris, Mai 2001, S. 26. Zum Recht auf humanitäre Intervention schrieben David B. Rivkin Jr. und Lee A. Casey vor kurzem, es könne sich »durchaus als eine der mächtigsten Waffen erweisen, die je gegen die USA gerichtet wurden«, denn »es könnte die amerikanische Vormachtstellung in dem aus dem Kalten Krieg ererbten globalen System unterminieren« (»The Rocky Shoals of International Law«, in: The National Interest, New York, Winter 2000/01, S. 36 und 38). Als Alternative stellen sich die Autoren vor, daß die USA »darauf hinarbeiten, das internationale Recht so zu gestalten, daß es [ihren] nationalen Interessen dient und [ihren] philosophischen Grundlagen entspricht« (ebenda, S. 41).

**13** Der Begriff des Politischen. 3. Auflage der Ausgabe von 1963, Dunker & Humblot, Berlin 1991, S. 55.

**14** Contre l'Etat, la politique. La Dispute, Paris 1999, S. 104.

**15** Politique et impolitique. Sirey, Paris 1987, S. 198.

**16** Le Monde, Paris, 17. September 2002.

**17** Verfassungslehre. 8. Auflage. Duncker & Humblot, Berlin 1993, S. 164. Laut Charles Taylor ist die Rechtskultur eine dreifach individualistische: »Sie schätzt die Autonomie hoch ein; sie räumt der Selbsterkundung – namentlich der Erkundung der eigenen Gefühle – eine wichtige Stellung ein; und ihre Anschauungen vom guten Leben beinhalten generell eine Bindung durch persönliche Entscheidung. Infolgedessen formuliert sie, was ihre politische Sprache betrifft, die Schutzrechte der Menschen in subjektivistischer Terminologie. Freiheiten als subjektive Rechte formuliert. Aufgrund ihrer egalitären Tendenz faßt sie diese Rechte als allgemeingültige auf« (Quellen des Selbst. Die Entstehung der neuzeitlichen Identität. Suhrkamp, Frankfurt/M. 1994, S. 539–540).

**18** »Questions de politique«, in: Michel Garcin (Hrsg.), Droit, nature, histoire. Michel Villey, philosophe du droit. Presses universitaires d'Aix-Marseille, Aix-en-Provence 1985, S. 170.

**19** Pierre Manent, Naissance de la politique moderne. Payot, Paris 1977, S. 11.

**20** La religion dans la démocratie. Parcours de la laïcité. Gallimard, Paris 1998, S. 81.

**21** Verfassungslehre, a.a.O., S. 164.

**22** Vgl. Marcel Gauchet, La révolution des droits de l'homme. Gallimard, Paris 1988; Stéphane Rials (Hrsg.), La Déclaration des droits de l'homme et du citoyen. Hachette, Paris 1989.

23 Émile ou De l'éducation. Garnier, Paris 1964, Buch I, S. 9.

24 Vorwort zu Ladan Boroumand, La guerre des principes. Les assemblées révolutionnaires face aux droits de l'homme et à la souveraineté de la nation, mai 1789 – juillet 1794. Éditions de l'École des hautes études en sciences sociales, Paris 1999, S. 8. Vgl. auch Elisabeth GuibertSledziewski, »L'invention de l'individu dans le droit révolutionnaire«, in: La Révolution et l'ordre juridique privé. Rationalité ou scandale? Actes du colloque d'Orléans. CNRS-Université d'Orléans und PUF, Paris 1988, S. 141–149.

25 »Zur Judenfrage«, in: MEW, Band 1, Berlin 1961, S. 364. Nach »Zur Judenfrage« (1843) wich Marx nie von diesem Urteil ab. In der Folge denunzierte er die Menschenrechte nicht nur als formelle Rechte, sondern schlichtweg als Rechte, womit er zu verstehen gab, daß man Politik nicht in rechtliche Begriffe fassen darf. Vgl. Bertrand Binoche, Critiques des droits de l'homme. PUF, Paris 1989, S. 97–112; Georg Lohmann, »La critica fatale di Marx ai diritti umani«, in: Studi Perugini, Pérouse, Januar/Juni 1998, S. 187–199.

26 Ebenda, S. 366.

27 »Droits de l'homme et politique«, in: L'invention démocratique. Fayard, Paris 1981, S. 66.

28 L'Etat séducteur. Les révolutions médiologiques au pouvoir. Gallimard, Paris 1993, S. 161.

29 A. a. O., S. 191. Freund folgert daraus, daß man eine Menschenrechtserklärung nicht dem Naturrecht zurechnen kann, weil diese Rechte erst in dem Moment in Kraft treten können, in dem sie ausgerufen werden: »Hier liegt uns ein Recht vor, dessen Wesen sich nicht bestimmen läßt« (ebenda, S. 192).

30 »Les tâches de la philosophie politique«, in: La Revue du MAUSS, Paris, 1. Halbjahr 2002, S. 292.

31 D. D. Raphael, Problems of Political Philosophy. Macmillan, London 1970.

32 Jean-François Kervégan, »Démocratie et droits de l'homme«, in: Gérard Duprat (Hrsg.), L'ignorance du peuple. Essai sur la démocratie. PUF, Paris 1998, S. 48.

33 Ebenda.

34 »Lofty ideals«, nennt Maurice Cranston sie: Human Rights Today. Ampersand, London 1962.

35 Der Weg zur Knechtschaft, 3. Auflage. Eugen Deutsch Verlag, Eschenbach-Zürich 1952.

36 Essais sur le politique. Seuil, Paris 1986.

37 »Je mehr Gerechtigkeit, desto weniger Freiheit«, stellt Max Horkheimer fest. »Will man Gleichberechtigung erreichen, so muß man den Menschen alles mögliche verbieten [...] Je mehr Freiheit aber herrscht, desto eher wird derjenige, der seine Kräfte mit größerem

Geschick einsetzt als die anderen, schließlich imstande sein, sie zu unterjochen, und so wird weniger Gerechtigkeit herrschen« (Kritische Theorie. S. Fischer, Frankfurt/M. 1977).

38 La Croix, Paris, 1. März 1990.

39 A.a.O., S. 42.

40 Le dépérissement de la politique. Généalogie d'un lieu commun. Flammarion-Champs, Paris 2002, S. 284.

41 Verfassungslehre, a.a.O., S. 168.

42 A.a.O., S. 284.

43 Philosophie des droits de l'homme. Éditions de l'Université de Bruxelles, Brüssel 1987, S. 15.

44 A.a.O., S. 43.

45 Vgl. Robert Bork, »The Limits of ›International Law‹«, in: The National Interest, New York, Winter 1989/90, S. 10.

46 Le droit des peuples. PUF, Paris 1986, S. 52.

47 Zur Unvereinbarkeit der theoretischen Grundlagen des Liberalismus und der Demokratie vgl. Carl Schmitt, Verfassungslehre, a.a.O. »Die Demokratie und der Liberalismus sind miteinander unvereinbar«, schreibt Paul Piccone: »Die liberalen Werte sind so lange nicht legitim, wie sie von oben von einer Zentralregierung verordnet worden sind, die alles besser wissen will« (»Ten Counter-Theses on the New Class Ideology. Yet Another Reply to Rick Johnstone«, in: Telos, New York, Frühjahr 2001, S. 153).

48 »Républicanisme et droits de l'homme«, in: Le Débat, Paris, November/Dezember 1997, S. 65.

49 »Les droits de l'homme ne sont pas une politique«, in: Le Débat, Paris, Juli/August 1980, nachgedruckt in: La démocratie contre elle-même, a.a.O., S. 1–26.

50 Ebenda, S. 17–18.

51 Ebenda, S. 26.

52 »Quand les droits de l'homme deviennent une politique«, in: Le Débat, Paris, Mai/August 2000, nachgedruckt in: La démocratie contre ellemême, a.a.O., S. 326–385.

53 Ebenda, S. 335.

54 Ebenda, S. 378.

55 Ebenda, S. 381.

56 »Les tâches de la philosophie politique«, a.a.O.

57 A.a.O., S. 501.

58 Was ist Politik? Fragmente aus dem Nachlaß. Piper, München 1993, S. 9.

59 Hannah Arendt, Elemente und Ursprünge totaler Herrschaft II. Imperialismus, a.a.O.

60 A.a.O., S. 283.

61 Jacques Maritain, Les droits de l'homme. Desclée de Brouwer, Paris 1989, S. 84.
62 Die Nikomachische Ethik V, 3, 1129b 17–18.
63 Système de politique positive, Band 2. L. Mathias, Paris 1851–54, S. 181.
64 »La notion de droits de l'homme est-elle un concept occidental?«, in: Diogène, Paris, Oktober/Dezember 1982, S. 100.
65 Vgl. Michael Walzer, Sphären der Gerechtigkeit, 1992. Walzer weist nach, daß Gerechtigkeit sich nicht aufgrund des abstrakten Egalitarismus denken läßt, weil die Frage, was gerecht ist, immer nur im Hinblick auf eine bestimmte Gemeinschaft gestellt werden kann.
66 A. a. O., S. 291.
67 Vgl. Hannah Arendt, Über die Revolution. Piper, München 1963
68 A. a. O., S. 51.
69 A. a. O., S. 294–295.
70 Cours de politique constitutionnelle. Band 1, Didier, Paris 1836, S. 539.
71 Verfassungslehre, a. a. O., S. 45–46.
72 Ebenda, S. 157.
73 »Considérations sur la France« (1870–71), zitiert in: François Hartog, Le XIXe siècle et l'histoire. Le cas Fustel de Coulanges. Seuil-Points, Paris 2001, S. 307–309. Fustel weist den Vorwurf zurück, er rede der Leibeigenschaft das Wort: »Die Leibeigenschaft war keineswegs die Essenz des Feudalismus, sie war nicht einmal eine feudale Institution [...] Nicht nur war es nicht die Feudalherrschaft, die die Leibeigenschaft geschaffen hatte, sondern sie schaffte sie langfristig im Gegenteil ab« (ebenda, S. 309).
74 L'histoire de l'ancien gouvernement de la France. 3 Bände, Amsterdam-Den Haag 1727.
75 Vgl. John G. A. Pocock, Le moment machiavélien. PUF, Paris 1997; Philip Pettit, Republicanism. A Theory of Freedom and Government. Clarendon Press, Oxford 1997; Quentin Skinner, Liberty Before Liberalism. Cambridge University Press 1997. Vgl. auch Jean-Fabien Spitz, La liberté politique. Essai de généalogie conceptuelle. PUF, Paris 1995.
76 A. a. O., S. 25.
77 »Républicanisme et droits de l'homme«, a. a. O., S. 51.
78 Ebenda.
79 Ebenda, S. 52.
80 Vgl. vor allem Alasdair MacIntyre, Der Verlust der Tugend. Zur moralischen Krise der Gegenwart. Suhrkamp, Frankfurt/M. 1997; Charles Taylor, Negative Freiheit? Zur Kritik des neuzeitlichen Individualismus. Suhrkamp, Frankfurt/M. 1999; Quellen des Selbst.

Die Entstehung der neuzeitlichen Identität, a. a. O.; Michael Sandel, Liberalism and the Limits of Justice, Cambridge University Press, Cambridge 1998. Zu einer allgemeineren Kritik des »Rechtsdiskurses« vgl. auch Richard E. Morgan, Disabling America. The »Rights Industry« in Our Time. Basic Books, New York 1984; Joseph Ratz, The Morality of Freedom. Clarendon Press, Oxford 1986; Mary Ann Glendon, Rights Talk. The Impoverishment of Political Discourse. Free Press, New York 1991.

**81** Das Recht auf Eigentum zum Beispiel kann nicht als gerecht an sich – das heißt unabhängig von dem guten oder schlechten Gebrauch, der von ihm gemacht wird – gelten. Vgl. Charles Taylor, »Atomism«, in: A. Kontos (Hrsg.), Powers, Possessions and Freedom. Essays in Honour of C. B. Macpherson. University of Toronto Press, Toronto 1979.

# Personenregister

# Zum Autor

Alain de Benoist, geboren 1943 in Saint-Symphorien (Indre-et-Loire), studierte Jura, Philosophie und Religionswissenschaften. Heute lebt er als Publizist in Paris und ist Herausgeber der Zeitschriften *Nouvelle École* und *Krisis* sowie ständiger Mitarbeiter der Zeitschrift *Éléments* und Autor der Berliner Wochenzeitung *Junge Freiheit*.

Wichtigste Buchveröffentlichungen in deutscher Sprache: *Die entscheidenden Jahre. Zur Erkennung des Hauptfeindes* (1982), *Aus rechter Sicht* (2 Bde., 1983/84), *Kulturrevolution von rechts* (1985), *Demokratie. Das Problem* (1986), *Aufstand der Kulturen. Europäisches Manifest für das 21. Jahrhundert* (1999/2003), *Totalitarismus. Kommunismus und Nationalsozialismus – die andere Moderne. 1917–1989* (2001), *Schöne vernetzte Welt. Eine Antwort auf die Globalisierung* (2001), *Die Wurzeln des Hasses. Ein Essay zu den Ursachen des globalisierten Terrorismus* (2002), *Die Schlacht um den Irak. Die wahren Motive der USA bei ihrem Kampf um die Vorherrschaft* (2003), *Carl Schmitt. Bibliographie seiner Schriften und Korrespondenzen* (2003), *Carl Schmitt und der Krieg* (2007), *Wir und die anderen* (2008), *Abschied vom Wachstum. Für eine Kultur des Maßhaltens* (2009), *Am Rande des Abgrunds. Eine Kritik der Herrschaft des Geldes* (2012), *Mein Leben. Wege eines Denkens* (2014) und *Der populistische Moment. Die Links-Rechts-Spaltung ist überholt* (2022).